学校も地域もひらく

コミュニティ・スクール

無理せず、
楽しく、
かろやかに

宮﨑 稔

農文協

◎目　次◎

第2章　危機感でまとまった学校と地域

第5章 活力ある地域づくりのためにコミュニティに疑似学校を

イラスト：山中正大

プロローグ

「あ、かる～い校長だ」

私が校長として初めて赴任した千葉県習志野市立秋津小学校では、地域の人のなかに、私のことをこう呼ぶ人がいました。

校長先生というと、おカタく近寄りがたいというイメージがつきまといがちです。だから私は、できるだけ明るく振る舞っていました。それが、「明るい」ではなく、「あ、かる～い」と呼ばれるようになってしまったのです。

秋津小学校では、児童減によって生じた余裕教室を「コミュニティルーム」として地域住民に、年中無休の午前9時～午後9時まで開放していました。地域住民は、サークル活動や諸団体の会議等に頻繁に利用して濃密な関係を地域のなかに築いていました。開放されている場所は教師のいる職員室や教室とは離れている1階にあるため、暗くなるとベランダや開放教室で、お酒も飲みながら歓談することも少なくありませんでした。

たまには私も仲間に加わることがありました。話の内容に耳を傾けていると、「子どものこと」や「学校でこのようなことをしよう」というようなことばかりでした。

「こういう遊具をつくってやろうよ」

「学級花壇の草取りをしよう」

「飼育小屋の囲いが崩れかかっているから直してやろうよ」

等々、お酒の勢いが手伝っているとはいえ、実に多彩なことが提案されていました。そこはさすがに学校という「聖なる場」だからなのでしょうか、建設的なことばかりでした。そして、すごいことに言ったことを必ず実行してしまったのです。

私のパートナーである宮﨑雅子さんは、二十年ほど小学校教師をしていました。家で、こういう秋津小学校の様子を話すと、

「ウソでしょっ。そんな学校があるはずがない」

と、真っ向から否定しました。

「それなら、今度の日曜日に連れて行くから見てごらんよ」

と言って、休日の秋津小学校の様子を見せることにしました。

休日ですから教師は誰もいません。しかし、地域の人や子どもたちで学校はとても賑わっていました。粘土をこねてお皿をつくっている陶芸サークルの人、椅子をつくっている工作クラブの人、きれいな歌声を響かせている合唱サークルの人の側では子どもが「この歌知っている」と言いながら聞いています。たて笛のサークルでは、「こんな大きな笛を初めて見た」と言いながら、アルトリコーダーを音楽の授業で習っているときのように指を動かしながら教えてもらっている子もいます。平日は、授業で地域の人にお世話になることも多い子どもたちが、休日も学校が居場所になっているのです。外を見ると、児童減で空いてしまっていた学級園を耕してキャベツの苗を植えている畑サークル

の姿もありました。

「ね、ほんとだろ」

と、私は雅子さんに言いました。

「ほんとだったんだね。でも、ウソみたい」

とまだ信じられない様子でした。

　私は、会う人ごとに、

「この人、宮﨑雅子さんです。私のパートナーです。秋津の様子を見たいというので連れてきました」

と言いながら紹介して歩きました。校長のパートナーを自分の奉職する学校へ連れてくることはははかれるものです。地域の人も遠くから見ているというのが普通でしょうが、「あ、雅子さんなの。どうぞ、どうぞ、こちらへ」と、地域の人は何の戸惑いもなく椅子を進めたりお茶を出してくれたりしました。校長夫人としてではなく、一人の人格として対等におつきあいするというその姿勢を雅子さんはすごく気に入ったようです。私たちは秋津小学校から少し離れた近隣の市に住んでいるのですが、雅子さんは秋津コミュニティの一員のように自らもサークルに入って、私が転勤した後も秋津で楽しい時間を過ごすことがしばしばでした。

＊

　これは１９９７年の秋津小学校の姿です。このように学校と地域がひらかれた関係にあることが、子どもの学校生活の充実に寄与するだけでなく、地域の大人たちの生活にも潤いをもたらして、まちづくりにまで発展していると思えることも少なくありません。教師も、地域の方が多くの授業でサポートに入ってくださっているのですから良いことがいろいろとあります。学校でこのような日常が展開されることはみんなにとってメリットがあり、どこの学校もこうなればいいのになあとつくづく思うのです。

読者のみなさんのなかには、これから学校と地域の関係づくりを始めようとしている方や、すでにコミュニティ・スクールを実施している方もいらっしゃるでしょう。そういう学校・地域の方のために少しでもヒントになればという思いと、20年以上前にこのような学校経営を始めた私の責任として、自分の実践をもとに「学校と地域の融合（協働）」について述べてみたいと思いました。

ここに取り上げる事例にはだいぶ古い話も含まれています。でも「これは昔のことだよ。今は違うよ」と簡単に片付けられないような、いやむしろ、今の閉塞感のある教育界でこそ通用するヒントが多く含まれていると思うのです。

私のおこなった地域の人との融合（協働）によるいわば「教育改革」ともいえる取り組みは、その後の国の施策にも大きな影響を与えたようです。２００４年からの地域子ども教室推進事業（後に放課後子どもプラン事業）や２００５年からの「コミュニティ・スクール事業」、２００８年からの「学校支援地域本部事業」等々、文部科学省（旧文部省）は次々と地域と学校の協働につながる施策を打ち出していきました。

自分では目の前の子どもにより良い教育を与えたいという一念でしたから、国の施策にインパクトを与えるなど思いもよりませんでした。ですから、だんだん全国からの視察が増えてきたり、「学校と地域の融合教育研究会（略称：融合研）を創設してほしい」という要望があったりすることは驚きでした。

しかし、視察に来た方に説明する時も、融合研を立ち上げる時も、「これから実践する方のために少しでも参考になれば」と願って失敗事例や留意点も包み隠さずに紹介してきました。したがってこの本のなかにも、うまくいかなかったことやつまずきやすいポイントがふんだんに書かれています。

私は千葉県の教員を定年退職したのち、島根県海士《あま》町と宮城県女川《おながわ》町で指導主事として勤務するという珍しい経歴をもっています。コミュニティ・スクール（学校と地域の協働）だけでなく、全国的に問題化している過疎地での学校教育のあり方についても、参考になることがあるのではないかと考えました。

以下の各章では、私が校長として教育改革を実践した習志野市立秋津小学校とその後の大久保東小学校、鷺沼小学校の3校や、退職後の島根県海士町での「子育て島施策」や、宮城県女川町での2年間の復興支援から得たものなど、教育とまちづくりに関連する特徴的な活動をピックアップして紹介していきます。

各章の冒頭では、それぞれの事例に入る前に、各校・各自治体の特徴と私とのかかわりについて「自己紹介」として、振り返っています。少々前置きが長くなるところもありますが、それぞれの実践のバックグラウンドをご理解いただくために、どうかおつきあいください。

column

学校と地域の融合教育研究会（略称：融合研）とスクールコミュニティ

この秋津小学校での実践を、１９９７年に都内で開催された「自然と食と教育を考える研究会」（主催：農文協）で紹介したところ、仙台市のシニアネット事務局長であった故・庄子平弥さんから、「それはすばらしい。一つの学校の実践だけにとどめておかず、ぜひ全国に広めてほしい。そういう研究会をつくりませんか」という要望があって、秋津小校長２年目の１９９７年８月に民間の教育研究団体として発足しました。

学校を開いて地域の人とともに教育活動をすることによってどのような教育的効果が生まれ、また参加する地域の人にとってもどのようなメリット（生きがいなど）になるかということを趣旨として、研究紀要や事例集の発行、および全国フォーラムなどで実践をもとにした具体的な事例交換をしながら活動しています。

その活動は前述の文部科学省（発足当時は、文部省）の政策決定にも影響を与えたと言われて、だんだん全国に広まってきているようです。また、活動が推進されるにしたがって、その活動内容は教育的な成果を上げただけではなく、地域にとってもまちづくりという視点から考えると大きな意味をもつということから、福祉的な側面からも関心が寄せられています。したがって現在では、「スクールコミュニティ」という表現を使って研究の成果を検証することがあります。授業などの「子どもの教育を地域の人とともに実践する」というコミュニティ・スクールの考え方を単にもじったものではありません。「学校（スクール）があることによって地域の人（コミュニティ）が結びついてまちづくりになっていく」という内容を含んでいるからです。秋津地区の人のなかには、

「学校でこんなに楽しいことができて、地域に仲間もつくれているから私はいつ定年になっても地域で楽しく生活できそうですよ」

と言う人もいます。まさに、学校（スクール）があるおかげで地域（コミュニティ）での生活が充実しているといえると思います。

第１章

地域にひらかれた学校のダイナミックな変化

【自己紹介その１】

実は私と秋津小学校とのかかわりは、こんな楽しい校長時代がウソのようなものでした。よく懐に辞表を入れて勤務していたという話を聞きますが、辞表こそ懐に入れていなかったものの、当時の私の気持ちもまさにそのとおりでした。

秋津小学校との接点は、校長として赴任する以前にさかのぼります。習志野市教育委員会の指導主事をしている時から、秋津小学校をよく訪問していましたが、その後、教頭として学校現場に復帰することになったのが秋津小学校でした。赴任した年の9月には、千葉県生涯学習フェスティバルで学校と地域が協働して活動している事例を発表することになり、千葉市の幕張メッセで「創作・秋津オペレッタ」を上演しました。

《千葉県習志野市の位置》

しかし、まだ学校が地域とともに活動することも共同発表することも前例がほとんどなかったため、さまざまな行き違いが起こってしまいました。そもそもこの発表は生涯学習として地域が主体となるのか、教育委員会からの要請を引き受けた学校にあるのかすらはっきりしていなかったのです。発表したい内容も学校と地域では一致していませんでしたし、練習時間も勤務の関係で土日や夜間に練習したいという地域の人と、授業日である平日の勤務時間に練習したいという学校側の思いが一致して

いなかったのです。また、子どもの参加者についても希望制を取ったために学級内の一部の子が参加することになり、教師は夏休み中や2学期に入ってからの練習にどのように対応したらよいかなど、教師間が共通理解をして取り組むのが難しいところもありました。

保護者や地域からの信頼が得られない上に学校内も一枚岩ではないというなかで、着任早々の教頭として校長を補佐しながら勤務するのは本当につらかったのです。しかし振り返ってみれば、これらのことがその後に地域とともに教育活動を進めていく上でどういうことが大事かを学ぶスタートになったのではないかと思います。

秋津小学校の教頭を2年間務め、同じ習志野市内の東習志野小学校教頭を2年間務めた後に赴任したのは、何と再び秋津小学校でした。今度は校長としての勤務が待っていました。教頭時代に知っている子どもや保護者・地域の人がたくさんいます。同時に、何が課題なのかもよくわかっていましたから、赴任直後から全力で学校改革に取り組みました。その大きな柱は、地域とともに教育活動をするというものです。信頼を得られないでいた保護者や地域のなかに飛び込んでいくという意味で「虎穴に入らずんば虎児を得ず」のたとえそのものでした。しかし活動を進めていくうちに、地域の人は教員の協力者にとどまらず、自らも主体的に当事者として子どもの育ちを受けもつようになってきました。「学校は地域の宝」とか、「地域とともにある学校」ということはよく聞きますが、とかく言葉だけになりがちです。でも秋津小学校では、地域の人も主体者として自分たちができることを考えて協働するようになったのです。

この本で紹介する事例には、地域の人が学校へ来て一緒に教育活動するということが、まだほとんどの学校でおこなわれていなかった1996年から始めた活動が多く含まれています。こうした活動はその後、たくさんの学校に広がりましたが、そういった現場からの流れが、文部科学省が「コミュニティ・スクール事業」等を推進するきっかけになったのではないかと自負しています。

当時も、全国的な傾向として、子どもたちは体験不足から知的理解に偏りがちでしたし、核家族化や少子化が進んで大きな人の輪のなかでもまれながら育つということが少なくなってきていました。一方、教師にも若返りが進み、異年齢や大集団での遊びを通しながら体験活動をしたり、地域の大人とも触れ合ったりしながら生活してきた経験があまりないという実態がありました。

そこで、思い切ってカリキュラムのなかに可能な限り地域の人との教育活動を取り入れることを手探りで始めました。初めてのことも多かったので、教員にも地域にもさまざまなトラブルがありました。しかし、子どもたちは教師だけと学んでいた時よりも喜びが大きく、「学校が楽しい!!」と言うようになってきたのです。それでますます多くの教育活動に地域の人との活動を取り入れるようにしていきました。教師にとっても、教員集団ではない「異業種」とのかかわりには相当とまどったことと思います。でも、「人として」のつきあいを進めていくうちに、教師ではない人の世界や多様な人格などにも触れ、幅広い社会性を身につけることに役立ったのではないかと思います。

また、授業だけではなく学校行事や日常の触れ合い活動・制作活動にも地域の人に加わっていただきました。さらに、余裕教室をコミュニティルームとして地域に開放して大人の生涯学習に活用してもらう等々、学校という場を生かした実に多彩な活動を展開しました。

今、教育受難の時代と言われていますが、１９９０年代末のその頃でも、教育は大変な時代だと言われていました。不登校では多くの学校が悩んでいましたし、いじめについてもどう手をつけたらよいのかということで試行錯誤が繰り返されていたのです。でも、秋津小学校では地域とともに「うまく」活動していたので、私は学校へ行くのが毎日楽しかったのです。また、秋津小学校からほかの学校へ転勤した職員が、「秋津は良かった」と涙ながらに地域の人へ感謝を込めて語ったこともありましたから、ほかの教師にとっても楽しくてやりがいがあったのではないかと思います。

▼学校データ▲
習志野市立秋津小学校
創立昭和55（１９８０）年
校長在任期間　平成８（１９９６）年度～10年（１９９８）年度
平成８年度　学級数14　児童数４５５名
平成９年度　学級数13　児童数４３８名
平成10年度　学級数13　児童数４２５名

1　外堀を埋めた「学校と地域の共同運動会」

■内心は不安だらけのスタート

自己紹介に書きましたように、秋津小学校とて、はじめから教師と地域の人がなごやかな関係だったわけではありません。首都圏の都市化の進む新興住宅地で、私が校長として赴任した頃は不登校児も毎年のように多かった学校でした。保護者や地域から学校への要望も多く、学校の事情をよくわからないままに要望を突きつけてくることが少なくありませんでした。そして地域との問題が起こればすぐに教育委員会から指導があるという状況で、教師は疲れ切っているような印象を受けました。

そこで私は教師と正面から向かい合い、子どものきめ細かい面談や家庭訪問、わかりやすい授業の工夫などを指導しました。教師は良いと言われればすぐに実践して、がんばってくれました。ただ、すべての教師の足並みがそろっていたわけではなく、なかなか問題解決の突破口を開くというまではいきませんでした。そうしたなかですから教師のなかには、「うちの学校の保護者はうるさい」と保護者を敬遠するような雰囲気がありました。結局、新しいことに取り組んで保護者からの信頼を得ていくよりは、できるだけ平穏無事に一日を過ごすことを望むような風潮になってしまっていたのです。

管理職として、このような閉塞感を打開していくために、これまでと違ったことをやるしかないというところに行き着きました。そして新しい試みとして、まだほとんどの学校でおこなわれていなかった「保護者や地域の人との教育活動（学社融合）」を始めました。とくに確信があったわけではなく、みんながやってもうまくいかないのなら違うことをするしかないだろうという、いわば開き直りのような気持ちでした。ですから、やると決めてからもいつも不安で不安でしかたなかったのです。それを顔に出すことはできませんから、表向きは強がって、教師たちから「もうこのへんでやめたほうがいいのではないか」というサインが出された時にも、「いやいや、もう少しがんばってみようよ」と虚勢を張っていたのでした。そんな不安のなかでも、保護者や地域との協力体制を築くことは何より重要ですし、互いのよくないことをあげつらっていては何も生まれないばかりか、何より子どもが不幸になるだけだという気持ちだけは強く持ち続けていました。そして、子どもの「学ぶ権利」は教師だけでなく、保護者や地域の人が協働することによってよりよく実現するものではないかという考えにすがるようにして活動を継続していました。

少しずつ成果が形になって表われるようになってくると、地域の方を講師として授業に招くのはもちろん、クラブ活動を地域の方に開放し、人材と言われるその道に秀でた人の指導を受けるだけではなく、経験のない人も「クラブ活動員」となって子どもとともに活動するようにしました。パソコンクラブのように、得意な子どもが苦手な大人に教え、教えることで個性を伸ばす例も出てきました。運動会は地域と合同でおこないました。このような活動がさまざまな場面で展開されるようになると、教師と保護者や地域の人との関係も密になってきて、言いにくいことも言い合える関係に発展します。そうして立場が違うだけでともに子どもを育てているのだと実感できるまでになりました。「ヒトが人によって人になる」という教育に地域の人も参加するようになったのです。
その最初のきっかけとなったのは「地域と合同の運動会」を実現したことでした。

■秘密の三者会談で地域の人を味方につける

学校と地域が協働して教育をおこなうようにするといっても、これまで決して良好な関係でなかったところですから、すぐにうまくいくわけがありません。秋津オペレッタの準備過程では学校と地域の軋轢という苦い経験もありました。何しろ、その頃はまだ教師の間に「学級王国」という言葉が色濃く残っていて、自分の学級のことは担任の教師ががんばってやるのが当然というような空気がありました。地域の協力を得て授業をするというような試みをすれば、「教師としての能力が足りないから他人の助けを頼むのではないか」と思われたりしかねません。

そこで、学級担任の活動とは直接関係のないところから地域の人を学校に入れるという戦略を立てました。ＰＴＡ会長と地域組織の会長との三者会談を開いて、このような私の考えを伝え、「まず、運動会を地域と一緒におこないたい」と提案しました。実はその時の私は内心ビクビクしていたのです。何しろ初めてのことですし、二人の組織のトップがどのような人かということをそれほどまではわかっていなかったので、うまく協力をしてくれるかどうか心配だったからです。私は、子どもたちがおかれている学校の状況をいつもより熱を込めて話しました。こういう時に、言ってよいかどうか迷いましたが、不登校児が多いことや一部の教師が保護者や地域の人を快く思っていないというような、学校にとっては不名誉なことまで話しました。でもそのことが逆に真剣であるということを強く印象づけたようです。地域側の二人は黙って聞いていましたが、とにかく学校改革の情熱が伝わるようにという熱い思いだけで語り続けました。

私の話が一段落した時にPTA会長が、「わかりました。子どもたちのためにそれほどの気持ちで取り組んでくださるならば何でも協力しましょう」と言ってくださいました。この言葉はどれほどありがたかったことか、とにかく肩の力が抜けるというのはこういうことかと実感しました。と同時に、情熱がすべての原点になるのではないかと感じ、何があっても情熱だけは失わないで取り組もうと思ったのでした。地域の代表の方は、元PTA会長でしたし、まだお子さんが秋津小学校に在籍していました。こちらも、「まったく同感です。地域の人で協力できることは何でもしますよ」と言ってくださいました。そして、「これからもこういう本音で話し合うことを続けましょうよ」と、笑いながら言ってくださり、三人は、「とりあえず、外堀から時間をかけてじっくりとりかかりましょう」と言いながら作戦会議に入りました。

■同僚からの提案で教師の堅い壁を突き破る

次は、教師をどう説得するかという重要な問題が残っています。学校経営は校長の責任ですので、強いリーダーシップで強引にでも実施してしまうという方法もあったとは思います。でも、今後のためにも教師が納得して同一歩調で進んでいくことが大事であると考えて、教師間の同意を得た上で実施することにしました。

私は、体育主任を呼んで理解を求め、彼の提案であることにしたのです。教師は、校長からの提案というトップダウンに対しては主体的にならないことが多いものです。しかし、同僚である体育主任がそれをしたいと考えたというならば、しっかり応援しようという気になるだろうと考えたからです。

体育主任とは、子どもの体力不足のことなどをよく話していましたので、納得して提案を引き受けてはくれたのですが、教師のなかからどんな質問が出てくるか不安そうでした。私は、

「どんな質問が出ても、とにかくがんばれ。その姿勢があればほかの教師も協力しようという気持ちになってくれるのだから。校長を頼るな」

と言い含めて職員会議当日に臨みました。

職員会議では、「学級減で教師の数も減って運動会の準備をするにも教師への負担が大きくなってきている。それを地域の人に手伝ってもらえることは助かる」とか、「児童減でプログラムも早く終わるようになっているので、地域の人と一緒におこなっても時間的なことは問題がないだろう」といった具体的な理由から支持する意見が出されました。その一方で、「地域種目は学校側に負担をかけないでおこなうこと」や、「子どもの教育的な意義が薄れることにならないようにすること」という内容について、何度も念を押されたのでした。こうした議論を経て、教師の了解のもとに運動会を地域とともに開催できる目途が立ったのです。

column

合同で実施することで運動会に活力が

最大の学校行事ともいえる運動会は、地域の人にとっても大きな楽しみです。多くの学校では、運動会のプログラムの一部に「PTAレース」や「来賓レース」「新入学児レース」等があって、地域の大人や幼児も参加します。しかし、秋津小学校で25年も前から続いている恒例の大運動会は、準備からプログラム種目また片付けまでのすべてを学校と地域が一緒におこなっています。小規模校ではよく見かけますが、東京から通勤圏内の都市部の中規模校（開始時は、児童数455人）としてはほかに例を見ないかかわりといえます。

私は自分が住んでいる町の地域運動会に参加したことがあります。そこで見たものは、若い層の参加がほとんどなく高齢者向けの種目ばかりで、形式的に行事としてこなしている感じで活力が感じられません。秋津でも地域運動会を単独で開催すれば同様の事態が考えられました。しかし、小学校の運動会にはほとんどの家庭から青・壮年層の保護者が見学に来ていますから、地域の運動会を小学校の運動会と一緒におこなえばそのような心配もないばかりか、かなり運動量の多い種目も可能になるのです。

■「花火は私が上げましょう」

運動会前日準備のテント張りや体力を必要とする入退場門設置のための穴掘り等は地域の方にお願いしたので、教師や役員の子どもたちはずいぶん楽になり、出場種目に専念することができました。

地域側は事前の会議や回覧板などでの人集めに相当の労力を要したようでしたが、趣旨をおおむね理解していただき、多くの人からの賛同があったので順調に進みました。ただたとえばムカデ競走をするにしても、自分の経験から、「綱（ロープ）に布切れを結んで足をしばるようにしたほうがいい」という人や「長い板に鼻緒をつけてそこに足を入れてやるほうがいい」などなど、さまざまな意見が出ていたようでした。しかし、様子を見に行った時には、決して対立するというのではなく楽しそうに話し合いながら進めていたのが印象的で、運動会を子どもと一緒にやれるということを喜んでいるということが伝わってきました。

準備が順調に進んでいたある日、一人の地域の方が校長室を訪ねてきました。

「わたしは、花火を上げる免許をもっています。浅草橋の問屋で花火を買ってきて運動会の始まりや途中で上げてあげましょう」

と言うのです。これまで花火は専門業者にお願いしていました。習志野市だけでも小学校は16校あります。同じ日に運動会を開催する学校も多く、上げてもらう時間もこちらの希望どおりにはいかないこともありました。ところが、今年は、進行に応じて上げることができます。こんなうれしいことも提案されて、学校と地域の共同運動会は地域にとっても待ち遠しいものとなってきました。

■子どもと一緒に地域の大人も入場行進

開始を待ちきれないのか、朝早くからぞくぞくと地域の方が学校へやって来ます。なかには、役割の万国旗張りなどを準備開始時刻よりも早くから始めている人もいます。教師は子どもたちが登校してからは準備に時間がとられることがないので、最後までがんばることや友だちをしっかり応援することおよび、安全面の注意等について落ち着いて指導することができました。

開会式は、入場行進から始まります。

「選手入場」というアナウンスで、赤白に分かれた子どもたちが学年ごとに整列して入場してきます。その両端には地域の人も赤白に分かれて思い思いの運動着で行進してきます。「子どもたちにカッコイイところを見せなくては」という気持ちの表われでしょうか、前を向いてしっかり歩いてきます。挨拶を聞く態度も背筋を伸ばして聞いています。ラジオ体操も力いっぱいです。そういう姿は子どもにも影響するのか、子どもだけでおこなった予行練習の時よりも立派です。

種目の時はもちろん自分のチームを応援しますが、時には赤白を忘れて、「○○ちゃん、がんばれ」と知っている子を応援する地域の人や、「○○のおばちゃん、しっかり」と応援する子どもの黄色い大きな声が響きます。

地域種目には、教師も参加するというものもありました。子どもたちは自分が属する赤白のどちらかを応援したり、親や知っている大人を応援したり時には担任を応援したりと忙しそうでしたが、それでも和気あいあいの雰囲気が子どもにも伝わったようで楽しそうに応援していました。

閉会式では、校長の挨拶（評価）のほかに、地域側の代表者の挨拶もありました。いつもならば閉会式は見ないで帰ってしまう人も多いのですが、今回はほとんどの大人が残って最後まで参加していました。

■反省会では痛いところを隠さずに言い合う

終了後の反省会は、まず学校と地域が合同でおこなってから、次にそれぞれ独自におこなうようにしました。合同の反省会の場では、地域の方はほとんどが大成功であったという喜びにあふれた発言をしていました。教師もおおむね成功であったことや来年もぜひ共同で実施したいという感想でした。

しかし、ある教師が、

「私は用具係の担当をしていました。事前の約束で子ども種目は子どもだけで責任をもっておこなうようにと指導していたのですが、障害物競走の跳び箱を運ぶ時に地域の人が出てきて手伝っていました。事前の約束と違いますからこういうことは困ります」

と、毅然と言い放ちました。私は一瞬ビクッとして、これはまずいことにならないかなと不安がよぎ

秋津小学校での地域と合同の運動会。地域の人たちも子どもたちと一緒に準備体操

りました。しかし、

「ごめん、ごめん。それは私です。係の子どもが体が細くてやっと持っているように見えたのでつい手を出してしまいました」

と用具係であった地域の男性がすぐに謝ったのです。地域の方のその態度で、冷たい雰囲気にもならずに会は進みました。日頃から教師の前では、「学校と保護者や地域は対等なのだからおもねることはない」と偉そうに言っていた自分が恥ずかしくなりました。と同時にこの発言のように「言うべき場ではタブーなく言い合ってよい」という空気が、学校と地域の間に醸し出されたように思いました。

その後、地域の方からも、ある種目について教師も参加するという前提で、地域側に割り振られていた分の人数を集めていたところ、「前後の種目の関係で教師は参加できないので地域の人数を増やしてほしい」という急な変更があったことについて意見が出されました。

「先生方は、毎日顔を合わせるので変更があっても簡単に連絡できるでしょうが、地域には回覧板の連絡だけでも1ヵ月くらいが必要なのです。一度決めたことを簡単に変えないでほしい」

というのです。このように、地域の方も学校側に気兼ねすることなく、言うべきことはその場でタブーなく言い合える関係になろうという基本が共有されたのでした。

だんだんと学校と地域の信頼関係が築かれるようになると、その後の協働活動では、本音でますます遠慮なくモノが言えるようになっていきました。地域と学校が信頼し合って協働活動を進めていくには、共通の場で、具体的に大人同士の良識で解決していくことが大事であることを痛感しました。

その出発点が運動会の反省会だったように思います。

2 「地域の人が参加するクラブ活動」で内堀を埋める

運動会の成功から、私は第2弾の手を打ちました。クラブ活動です。

小学校では4年生になるとクラブ活動の時間があります。自分の希望するクラブに入って、5年生や6年生とともに活動します。担当の教師も、それぞれのクラブを受け持つことになりますが、自分の希望するクラブを受け持てるかどうかは職員構成によります。転勤などで得意な教師がいなくなったりすると後釜探しが大変になり、最悪の場合は「今年はこのクラブは募集しません」ということになったりします。これでは、せっかく希望しようとしていた子どもに、大人の都合で我慢させることになってしまいます。

そういうことがないようにと、多くの学校では地域の人に呼びかけて「クラブ活動指導者」になっていただいて、また「人材バンク」に登録してクラブ活動が継続できるような体制づくりに努めています。しかし秋津小学校では、得意な人だけが指導者として協力するというのではなく、「クラブ活動員」としてどなたでもクラブ活動に参加していただくように呼びかけたのです。するとなかには、自分の不得意なことに参加して子どもに教えてもらう地域の方もでてきました。子どもは大人にわかりやすく教えることで成長します。それも、地域で子どもを育てるということにつながっているのです。

■「指導者」だけでなく「活動員」枠を設定する

「うちのお父さんは来てくれない。A君はいいな。パソコンクラブにいつもお父さんが来てくれているんだもの。うちのお父さんは、きょうは家にいるのに来てくれない。パソコン得意なのに」

といまにも泣きそうな顔をしている子がいました。秋津小学校もはじめは地域へ回覧板を回して、「クラブ活動の指導者になってください」と指導者を募って「人材バンク」に登録して継続していました。しかし、この子の父親は仕事が忙しい時もあり、「行けない時があったら迷惑がかかるから」と登録をしなかったのだそうです。仕事には繁忙期があったり、比較的自由な時間が取れる時もあったりします。しかし、責任感が強い方ほどこの子の親のように登録をしないということもあるのではないかと思います。

そこで、秋津小学校では指導者としてではなく、「来られる時に来て子どもと一緒に活動するというクラブ活動員でもいいので参加してください」と呼びかけました。技術が無くても、誰でもクラブ活動に参加できるようにしたのです。そのために授業参観日には、学級での授業の後にクラブ活動も参観してもらうようにしました。

バレーボールクラブの様子を参観していた、ある保護者同士の会話です。

「あなたって、バレーボール得意だったの？　知らなかったわ」

「ううん、私は初心者よ。でも回覧板を見てから、ダイエットを兼ねて参加しているのよ。子どもと一緒ぐらいがちょうどいいわ」

「えっ、初心者でも参加していいの？」

「あら、回覧板見なかったの？　誰でも参加していいのよ」

「知らなかった。私も来週から来ようかな」

というような場面がありました。情報過多の時代ですから回覧板を見落とすこともあります。だからこそ授業参観日にクラブ活動の参観を仕組んだのです。専門的な知識や技術をもつ人だけが参加するのでは敷居が高かったでしょうが、活動員の枠を設けたことで子どもと一緒に活動する保護者や地域の人が増えていきました。

■「ありがとうを言うのは私のほうですよ」

その年、ソフトボールクラブを希望した子どもは13人でした。2チームをつくるのには5人足りません。でも毎回試合をやっています。ある日グランドを見ると、グローブを手にした大人が外野に2人、ピッチャーにも1人います。攻撃側のベンチには、4人の大人がいます。

「女の子だからやさしいボールを投げるぞ〜。しっかり守れよ」

というピッチャーの大人。

「オーライ、思い切り打っていいぞ」

と声をかける大人とともに、子どもの守備も腰をかがめます。

ベンチの様子を見ていると、

「そこにあるバットは、こっちへ片付けておきな。誰かがぶつかると危ないからな」

と、安全面で指導してくれている人や、

「さっきの当たりはよかったなあ。相手のファインプレーでアウトになっちゃったけど、惜しかったよなあ」

と、アウトになってしょげている子に声をかけて励ましている人もいます。

この人たちのように、決して野球やソフトボールの専門的な知識がなくても子どもにとっては貴重な人材になるのです。

試合の様子を少し見続けたあとに、私はベンチへ近づき、

「いつもありがとうございます」

と地域の方に声をかけました。すると、

「ありがとうを言うのは私のほうですよ。地域にもソフトボールチームはあるけど、練習がきつそうだし、学校のクラブは出られる時だけでいいっていうのはうれしいですよ」

「体を動かさなくちゃいけないと思っていたんだけど、なかなかその気にならなかったんですけど、子どもと一緒ぐらいがちょうどいいです」

「それに、地域に知り合いが増えるっていうのはいいですよね。私はいつ定年になってもこの地域で楽しくやっていけそうです」

とまで言ってくれるではありませんか。私は、とてもうれしくなりました。

「13人だから試合はできないよ」とか、「きょうは三角ベースだよ」「キャッチャーは味方から出してね」というようにして子ども同士で工夫することも大事ですが、毎回試合ができて地域の人とも知り合いになれるなんて、うちの学校の子どもは幸せだなあと感じました。

■大人が生徒で子どもが先生に

「おばちゃん、ダブルクリックはもっと手の力を抜いたほうがうまくできるよ」と、大人の持つマウスの上から手を添えて教えている子がいます。普通の授業と違って、クラブ活動では好きなことやよくできることであっても希望してくることがあります。新しいことを覚えるだけではなく、好きなことをもっと伸ばすということは個性の伸長にも役立ちます。パソコンクラブには得意な子が多く入っていました。そこへ、パソコンの苦手な大人が入部してきたのです。

「公民館の講座も受けたのですが、進み方が早くてなかなか覚えられなかったんですよ。だから私は落第生。でも子どもと一緒ならペースがちょうどいいの。それにこの子は私の先生なの」と言いながらうれしそうに子どもに教えてもらっています。子どもも得意そうです。「人材登録」というと、「できる人だけが登録するもの」という考え方が一般的ですが、この方のおかげで得意な子は一層個性を伸ばして自信をもつことにもつながったようです。数日後にその方が学校へ訪ねてきて、「道で会った時に、『おばちゃん、ダブルクリックうまくなった？』と言うんですよ。私は若い友だちができたようでうれしかったですよ」

とわざわざ報告してくれました。私はできない人でも、いや子どものためにはできない人こそ「人材」と感じたのでした。

＊

地域との共同運動会の時は、まだ「広く・浅く」というようなかかわりでした。しかも、運動会は年に1回だけです。それでは地域の人との深い結びつきというところまではいきません。と言って、まだこの段階では授業を一緒におこなうことで得られる深いかかわりに進むのは早いと思っていました。教員が地域の人を信頼して心を許して実践するというのでなければ、一過性の形だけの協働になりかねません。そこで、内容は授業に近いものではあっても、もっとゆるやかに子どもとかかわり、しかも回数も複数回になることが必要ではないかと思いました。それにはクラブ活動がぴったりでした。

今、コミュニティ・スクール事業が多くの学校で実施されています。そこでは、いきなり地域の人とともに授業をおこなうという例が少なくありません。しかし、教師はまだ地域の人と一緒におこなうことに慣れていませんから、まずはあまり深くかかわらないでも済むようなことから始めたいのだろうと思います。一方、地域の人からすれば学校から依頼されたのだからと一生懸命すぎるくらいにかかわろうとします。そのため距離感の違いによる両者のズレが生じてしまい、授業も遠慮がちになってしまったりします。ここに教師が必ずしも地域との協働授業に積極的になれない原因があるように思います。互いに手探りで始められるように、最初はゆるやかな流れを用意することが必要なのだと思います。

3　いよいよ「本丸攻め」に取りかかる——地域が支えた「お金もうけの授業」

クラブ活動というといいわば内堀を埋めることに成功したので、いよいよ本丸である授業をともにおこなうということに本腰を入れることにしました。しかし、私の思いを越えて、この頃になると教師のなかから「こういう授業がしたいのですが、地域にどなたか教えてくれるような人はいないでしょうか」という提案がポツポツと出てくるようになってきました。

「パソコンの授業をしたいのですが、私一人では個別指導に手が足りなくて」

と言ってきた教師は、パソコンクラブの担当をしていました。クラブ活動の時に子どもたちと地域の人とのかかわりを知っていましたからすぐに思いついたのでしょう。また、5年生の男子の担任は、家庭科で裁縫を教える時、縫い方や糸の止め方の指導で多くの高齢の女性との協働授業をしました。

「こんなことだったら、女なら誰だってできるから、いつでもどうぞ」

と言いながら、地域の方がうれしそうでした。数日後に初めて縫った作品が廊下に掲示されると、ある子が学校に来ていた地域の人を教室まで引っ張ってきて、

「ほら、花マルもらったわよ。教えてくださってありがとうございました」

と地域の人にお礼を言っている姿がありました。

また2年生では、生活科での外国出身の方との触れ合いで多くの方に来ていただきましたので、ほかの学年の子たちも地域には外国出身の人もけっこう多いのだということに感心していました。こうして地域にはいろいろな人がいるということが学校のなかから自然な光景になっていきました。小学生時代は好奇心が旺盛で新しいことに興味をもつ年齢でもありますから、子どもは先生だけとの授業よりも楽しく学んでいるようでした。そのように学校の雰囲気が変わってきた時に、次のような地域全体を巻き込んだともいえるような授業が展開されました。

■何とか植え替えをしたけれど

生活科の学習は、1年生と2年生でおこないます。2年生では前年も体験活動をした経験がありますので、かなりダイナミックな学習活動を展開することができます。秋津小学校でも、ほぼ1年間にわたって植物を栽培する学習を計画していました。

ところがある年は、例年とはまったく違う活動になりました。栽培活動が経済活動につながったのです。しかも、おもちゃのお金を使ったりするお店やさんごっこではなく、1年間にわたって本物の現金を使ってやりとりするいわば「お金もうけ」と植物栽培を組み合わせた学習が展開されたのです。

まず、種まきをします。まく種は例年どおりです。種苗店へ行き、一定の金額の範囲内で子どもたちに希望する種類の種や苗を自分で選ばせます。家から残りの種や苗を持ってきてもよいことになっています。

種の場合は、一つの植木鉢に複数個をまきます。一つだけでは、万が一発芽しなかった場合にそこで学習がストップしてしまうからです。しかし、この複数個をまくということが後に大きな問題になります。全員を同じ種や苗にしないのは、生活科のねらいでもある一人ひとりの主体性を尊重することと、自分のものは自分で責任をもって育てさせることを目標としているからです。種は植木鉢に、苗は学級園の畑に植えます。

子どもたちは一生懸命に育てます。すると種が芽を出し、やがて双葉をつけて成長し、また苗もどんどん大きくなってきます。先生は「いつ、間引きをさせようか」とそのタイミングを計っています。農家の方ならば、本葉が何枚になったらというような栽培に適した時期に間引くのでしょう。でも、学校の授業ではそれは通用しません。「子どもの必要感」や「問題意識」があってはじめて間引きが学習として成立するからです。

まいた種はどれも元気に育っている植木鉢がほとんどです。子どもたちはせっせと世話をしています。鉢のなかが混み合ってきていることにさほどの問題意識はありません。ましてまだ小学2年生ですから、一部を残してほかの苗は抜いてしまうということなどは思いもよりません。でも、このままでは成長が悪くなります。いよいよ先生の出番です。そこで、

「みなさんの種は大きくなってきましたね」

と投げかけたりします。

「大きくなったよ」

「ぼくの膝の高さまで育ったよ」

「葉っぱが10枚になったよ」

と、得意そうに発表します。先生は、それを十分発表させたり、ニコニコと聞いてあげたりしてがんばって世話をしたので成長してきたことを認めて満足感を与えます。そしてここからが子どもとの勝負です。

「ところで、明日はもっと大きくなるかな。いえいえ来週にはもっともっと大きくなるかな。来月になったらどのくらい大きくなるかな」

等々の言葉を投げかけ、これから先の見通しを推測させます。

「ぼくの背より大きくなるんじゃないかな」

「2階のベランダくらいまでいくんじゃないかな」

「葉っぱも100枚くらいになるかも」

「すごいねえ。そんなに大きくなっちゃうかもね」

2年生の子なので、まだそれがどういうことを意味するのかということに思いがいきません。もちろん不安さえ感じていません。そこで先生は問いかけます。

「でも、そうなったらその植木鉢で狭くないかな」

ここで、子どもたちは一気に現実に目を向けさせられます。

「大きくなりすぎちゃうとケンカになっちゃうよ」

「邪魔だから、あっちへ行けというふうになるよ」

「水だって取り合いになっちゃうよ」

「種まきの時に肥料も入れたけど、肥料も取り合いになっちゃうよ」

「そうしたら大きくなれないじゃないか」

「全部がヒョロヒョロになったりするよ」

「でも、どれかを抜いちゃってどれかだけ残すなんていうのはかわいそうだよ」

「不公平だよ」

等々、2年生の子どもたちは苗を自分の身に置き換えて、一生懸命に良い方法を考えます。

純真な2年生の優しい気持ちは、大人が考えるように「一番良い苗を残してほかは間引きをして捨ててしまう」という結論を絶対に導き出しません。せっかく一生懸命に世話をしてきた苗です。小さくても何とか全部を育てたいという心境になるのが普通です。

そこで家から植木鉢を持ってきたり、ベランダや校庭の隅などに重ねてあるような植木鉢を探してきたり、給食で出たゼリーやプリンのカップも大事に使ったりして、何とかすべての苗を植えてベランダに納めるようにします。これで一安心です。

■「余った苗を売ろう」

と思ったのも束の間、また大きくなってきました。とくに子どもたちに人気のあるアサガオは、つるが伸びてきてほかの苗にもからみ始めています。ベランダは足の踏み場も無いほどで、自分の苗に水をやろうとする時にほかの子の苗を踏んでしまう子まで出てきました。

「どうしたらいいだろうかねえ」

と、また先生は投げかけました。投げかけるだけで「こうしましょう」という指示は出さず、ジッと子どもたちの考えに耳を傾けています。

「畑に植えてあげたらいいんじゃないかな」

「畑だっていっぱいだよ。苗が大きくなってきたもの」

「でも捨てたんじゃかわいそうだよ。誰かにあげようか」

「あげたんじゃソンしちゃうよ。ぼくたちだって、種を買ってきたんだから」

「でも、捨てるよりいいじゃないか」

「大事に育ててきたんだから、売ったら買ってもらえるかもしれない」

喧々諤々、子どもたちは再び大騒ぎです。先生は、ニコニコしながら子どもたちの考えがまとまるのを待っています。生活科は、植物を育てることだけがねらいではありません。栽培活動を通して、「生きる力がつくように子どもが育つこと」が学習の目標なのです。今回は、どんな結論に行き着くのでしょうか。

結局、子どもたちの総意は、

・学校中の皆に売ろう。

・そのために、ポスターを描いたり売り込みに歩いたりしよう。
・学校放送でも流して、売り込もう。
ということに落ち着きました。その後の子どもたちの活動は精力的でした。休み時間も遊ばないで各学級へ出かけて売り歩きました。しかし、学校へは不要のお金を持ってきてはいけないことになっている上に、上級生にとっては自分が過去に栽培したものがほとんどです。仮に家に買って帰っても、家の人に喜んでもらえるかどうかもわかりません。それで買う人もなく、この計画は挫折するかに見えました。

しかし、担任の先生にはそこからのさらなる作戦がありました。それまで、子どもたちは大人に頼らずに、まず自分たちなりに考えたことを実行してきました。それでうまくいかなかったら、その時初めてアイディアを出してあげようと待ち構えていた作戦でした。

先生のアイディアは、ＰＴＡ活動等で学校へ来ることの多い保護者に買っていただこうというものでした。ＰＴＡの専用入り口に植物を置いて無人販売の形にしておけば、子どもたちは休み時間や授業時間を使って販売に歩く必要もありません。担任の先生は、この一連のアイディアを事前に私に相談に来ていました。そうして、児童だけに売ろうとしてもきっと売れないだろうということを承知の上で次の策（作戦）として一緒に考えておいたのです。

■「校長は教育課程の責任者だから」

その時の担任と私との話し合いの様子は次のようでした。

担任「大切に育てた苗を学校中に呼びかけて買ってもらおうというのですが、授業の一環でお金のやり取りをしてもいいものでしょうかね。校長先生が教育委員会から指導を受けるというようなことはないでしょうか」

私「そりゃ、構わないよ。生活科のねらいは、生きる力の育成だよ。おままごとのようにオモチャのお金を使うよりも、本物のお金なら真剣に学ぼうとするから生きる力も一層つくと思うよ。教育委員会がつまらないことを言ってきたらそう説明してやるよ。教育課程については校長の責任だからね」

担任「ありがとうございます。でも、問題は売れるかどうかということなんですが」

私「あなたのことだから、売れなかったらどうするかということはもう考えているんでしょ」

担任「はい。PTAの昇降口に置いて、無人販売をするのはどうかと思っています」

私「ああ、それはいいでしょうね。子どもたちのつける値段はせいぜい100円以下でしょう。そのくらいの小銭なら保護者も持ってくるでしょうし、けっこう売れるかもしれませんね。でも、コミュニティルームの入り口にも置いたらどうでしょうか。サークル活動で多くの人が毎日学校へやってきます。高齢の方も多いですから、子どものためといったら保護者以上に売れるのではないでしょうか」

担任「保護者以外にも声をかけていいんでしょうか」

私「いいに決まっていますよ。学校を支えるコミュニティということでともに歩んでいるのですから」

担任「では、コミュニティルームの入り口にも置かせていただきます」

私「くれぐれも、子どもたちが努力をしてそれでも行き詰った時にこのアイディアを出すということを忘れないようにね」

担任「心得ています」

ここで、教育課程（カリキュラム）が学校責任であるということについて少し補足すると、学校で教える教育内容についての責任は校長にあるということです。つまり、学校は教育をするところですから、広く考えれば学校でおこなうことはほとんどが教育課程に関する内容なのです。ですから校長の責任で大部分のことはできるのです。したがって、担任がやろうとしていることに対して、校長が「教育委員会がストップをかけるのでそれはできない」と他人のせいにしてセーブをかけるのは校長の責任放棄になるのです。学校は校長のやる気と工夫次第でさまざまな教育ができると思うのです。

column

秋津小学校のコミュニティルーム

秋津小学校は、児童数の減少で余裕のできた4つの教室を、コミュニティルームという名称で地域に無料で貸し出しています。そのために、秋津小学校区の大人は子どもとのかかわりだけで学校へ来るのではなく、自分たちのサークルや会議でも学校を利用しています。利用の申し込み窓口や鍵の開閉などの管理もすべて地域の人で自己管理しています。

利用者は終了後に利用人数を記録します。PTAの会議などは記載しませんので、単純に利用者の人数がわかります。その数は、例年1万人を超えていますので、学校にはいつも地域の大人がひしめいているといってもいいような感じなのです。視察に見えたある校長先生が、

「まるで、学校が地域に乗っ取られたみたいですね」

と笑いながら話していたことがありました。

コミュニティルームは、秋津在住の人に限らず習志野市に事業所がある人も利用できます。私が在任中のある年は、年度当初の運営委員会で利用登録をした地域サークルや団体は、26ありました。出入り口の鍵も地域の責任者が管理して、新規の利用者や単発の利用があった時も地域の管理者が対応して、学校に一切世話をかけないという「自己管理」を基本にしています。

■売れすぎて工夫をしない子どもたちにお灸を

子どもだけがターゲットだった時は、さまざまな努力をしたのに苗は売れませんでした。あきらめかけていた時に担任からの「保護者や地域の人に呼びかけたら買ってもらえるのではないか」という救いの一言で、ＰＴＡ専用の昇降口とコミュニティルームの入り口にも鉢を置いたところ、毎日よく売れるようになりました。コミュニティルームを使用する大人たちは、〝おらが町の子どもたち〟ということで日頃から子どもたちと接していたのでとくに優しくて、置かれた鉢が売れ残っていると「あら、これでは今日の当番の子がかわいそう」と、すでに自分が持っている苗でも買ってくれたりしました。

そうなると子どもたちはいい気なもので、努力しないでも売れるので活動が雑になってきました。ポスターの紙がはがれかかっていてもそのままであったり、鉢の並べ方も雑然としていたり、拾ってきた鉢を使ったらしく周りが汚れていてもそのまま苗を植えて売っていたりするのです。

毎日のように報告に来ていた担任は、このような状況に対して私に〝どうしたらよいか〟と相談しました。そこで、子どもたちにはわからないように保護者や地域の人たちにこっそりと「しばらくの間買わないでほしい」というお願いを出すことにしました。学習の一環であるので子どもが工夫を始めたらまたお願いしたいというように訳をきちんと話しましたので、買わない協力も見事に徹底していました。こうして順調だった売れ行きがパッタリとやんでしまいました。

子どもたちは突然の売れ行き不振に悩みました。そうして、どうして売れなくなってきたのかということについて子どもたちなりにいろいろと考え始めました。「もう、買ったからだよ」と需要と供給のバランスから考える子がいます。確かに「おばちゃん、買ってください」と頼んだ時に「もうあるから」と断られた経験を多くの子がしています。「小さい苗になったからじゃないか」と、苗を見直している子もいます。大きくて元気の良い苗から売りに出していたので、今並んでいる苗は確かにはじめの頃に比べるとずいぶん貧弱です。

いちばん紛糾したのが、値段が高いからではないかと考え値段を変えようという子たちの提案でした。どの苗も一律に50円と決めていたからです。


「値段を下げようか」

「でもいくらにしたらいい?」

「30円でどうだろう」

「それじゃ、安すぎるよ」

「ソンしちゃうよ」

「50円で買った人に悪いよ」

「そうだよなあ。でも、40円じゃ10円しか安くないから売れるかなあ」

「特別バーゲンセールってやったらどうだろう。30円にしたら売れるし50円の人にもバーゲンだからって言えるから悪くないんじゃないの」

「うん、そうしよう。そうしよう」

ということで30円に値下げして売ることになりました。

そのほかにも、子どもたちは自分たちの売り方を見直しました。「鉢が汚かったよ。きれいな鉢にしようよ」と家からリボンを持ってきたり、色紙を巻き付けて飾りのようにしたりしました。「ポスターも描こう」と、もう一度きちんとポスターをつくった子もおりました。文字もわかりやすく目立つように工夫しました。

その後も苗は、どんどん成長して買ってもらうのを待っています。担任と私は相談して、再び買っていただけるように保護者やコミュニティルームの利用者にお願いを出しました。

■学級名義の銀行口座をつくる

毎日毎日の売り上げはその日の当番が数えて、帰りの会で全員に報告をした後に計算をして担任に渡し、みんなの前で学級の貯金箱に入れます。金額が大きくなると総額の計算をするのが大変になってきました。でも増えていく喜びがあるので、計算の苦手な子も必死です。

「ほかの勉強では見せたことがないような顔で計算しているんですもの、まさしく〃現金〃ですよねえ」と、その様子を私に知らせに来る担任も顔が緩んでいます。

ところが担任は、さらに上の学習を子どもたちに与えることにしました。銀行に学級の口座をつくったのです。ほとんどの子が母親の買い物について行ったりして自分の家の口座が銀行にあることは知っていました。でも、自分たちの学級だけの口座をつくれるなんて考えてもみなかったことです。

担任は全員を銀行に連れて行き、貯金箱からのお金を窓口に差し出して通帳を受け取るという一連の所作を子どもの前で見せました。通帳のページを開けて、1行目に昨日までの売り上げ金額がきちんと書かれていることも見せました。

「明日からは、当番の人が銀行へ行ってお金を預けて金額を書いてもらったら通帳を受け取ってください。みなさんが自分でやるんですよ」

と念を押してみせました。ほかのお客さんも何人かおりました。そのなかには子どもたちの苗を買ってくださった協力者もおりましたので、ここでも子どもたちの活動が発展していくことをニコニコと見守ってくれました。周りのさまざまな大人の優しい眼差しに守られて、子どもたちは何と幸せなことでしょう。

学習がどんどん発展して、子どもたちの工夫しようとする力は見事なまでについていきていました。問題意識がないままに教師から押し付けられたような学習の時には、子どもは勉強の意欲を無くしていくのですが、自分たちで考えたことが実行できる時にはますますやる気になって加速度的に学習が発展するものです。

ここで子どもたちからまた新たな学習のアイディアが生まれました。銀行に行く当番は、毎日4人ずつの交代制です。あまり大勢で窓口に行くと銀行も迷惑するということで4人にしたのですが、「迷惑にならなければいいんでしょ」と勝手に理由をつけ、また「ついていってあげるよ」と頼みもしないのに一緒に銀行へ行く子が出てきました。2年生は放課後に児童会活動等がまだ無いので時間に余裕があるのです。それに、何よりもお金が増えていくことを実感できるのがうれしいのです。

ついていく子は、当番ではないので窓口には行けません。銀行に行っても何もすることがありません。銀行のなかを何気なく見ていた子が、混んでいる窓口へは来ないで無人のキャッシュカードの機械にお金を入れてすぐに帰っていく人の姿を見ました。「あ、うちのお母さんもカードでお金を預けていたことがあった」と、以前の記憶がよみがえりました。学校へ戻った時に担任に、

「私たちもカードをつくりたい。そうすれば待たないですぐにお金を預けることができるから」と提案しました。このことは担任も受け入れ、社会の仕組みの一部を順序良く学んでいくことになったのです。

■「売り上げはどうしよう～」

学習は苗の販売にとどまらず、学級園でトマトやキュウリが収穫できるようになるとそれも売るようになりました。値段は近くのスーパーマーケットよりも安く、といって安すぎないという値がついていました。不揃いであっても、何よりも生産者（児童）の顔の見えることと新鮮なことが人気でした。また地域の方には、教育の一部に協力しているというある種の満足感もあったのかもしれません。

「きのうのトマトは甘くておいしかったよ」

と、わがことのように得意そうに話している高齢の方の笑顔がありました。このようにして、栽培活動を通してさまざまな生きる力を身につけながら生活科の学習は進みました。「間引きをした苗を捨

てしまうのはかわいそう」という小さな優しい心から出発した活動は、子どもたちの学習の目あても変容しながら1年間が終わろうとしていました。

次の話題は「売り上げをどうしようか」ということになりました。3年生になる時は、クラス替えで友だちが別れてしまいます。金額は子どもたちが想像もできなかったほどの高額になっていました。その額でどのようなことができるのか、何が買えるのか見当もつきません。経験の少ない2年生の子どもには、計画的に取り組むなどということは無理なことです。先の見通しを立てることもまだまだ不十分です。今生まれた問題を、その場で考えられるだけの精一杯の知恵を使って乗り越えることしかできません。しかし精一杯に考えるには、実感を伴った必要感のある学習課題が決め手になります。

「お金の使い道はどうしたらよいでしょうか」

「みんなで、何かを買おうよ」

「買って自分たちだけがトクをしたのじゃ申し訳ないよ」

「それに何に使おうか迷っちゃうよ」

「買ってくれた人にお返ししようよ」

「収穫祭をしようよ。買ってくれた人を招待したりして」

さまざまな意見のなかでみんなの賛同を得たのは、1年生の時にサツマイモの収穫をしたときに家の人を招待して収穫祭をしたことでした。でもそれでお金が使いきれるかどうか心配です。

「お金が余ったら、また収穫祭をすればいいよ。お楽しみ会のように飾りなんかも買ったりして」などの意見もあって、収穫祭を何度かおこないました。招待客も保護者や地域の買ってくれた人であったり、近くの高齢者団体や保育園児や幼稚園児だったりしました。自分たちも記念に文房具の同じものなどをそろえました。

■翌年の2年生は国際理解教育に発展

翌年の2年生は、意欲満々でした。進級するとすぐに「生活科で本当のお店屋さんをやるんでしょう」という期待をもって進級してきました。昨年の2年生の活動は、下級生にとっても強烈な印象を残したようです。

活動は、昨年と同じような道筋をとりました。1年下の学年として身近に見ていたようでいて細かいところは知りません。結局昨年とあまり変わらずに、同じように悩み同じように工夫するというプロセスをとりました。ただ販売で得たお金の使い道は違っていました。ある子が「ネパールではお金が無くて屋根のない学校で勉強しているので寄付を募っている」というテレビ番組を見ました。そこで、「この収益をネパールの学校へ寄付しよう」ということになりました。学習は同じことを繰り返す必要はありません。その時その時の子どもたちの問題意識に応じて臨機応変に変えてよいのです。

ところが、この活動にはまだまだ続きがありました。

寄付をもらったネパールの機関では、日本にいるネパールの方にこのことを話してくれたようです。そうして御礼を兼ねてネパールの方が学校を訪問してくださることになりました。当日の2年生の教室では、ネパールの位置や地形・気候などに簡単にふれた後、ネパールの子どもの遊びや簡単なネパール語の挨拶、またネパール固有の文化などについて教えていただきました。間引きした苗を売るということが、何と国際理解教育の一環にまで発展していったのです。これからも、間引いた苗を何とかしたいという子どもの願いを大事にする教師の姿勢が子どものダイナミックな活動を生み、その年その年の子どもたちの願いに応じて学習はさまざまに展開されていくものと思います。そういう子どもに寄り添う学習が、地域の人や保護者の協力のもとに実践されたら、子どもたちは楽しく学び生きる力もつけていくことと思います。

＊

全国的に多くの学校で「人材バンク」を作成して、教師のサポートのもとに地域の人が専門的なことで指導するということがおこなわれるようになりました。でも、講師の人は一人（または数人）であり、授業時間のためだけに来てくれるので、授業が終わるとかかわりが無くなることが多いものです。これでは「地域とともにある学校」とか「コミュニティ・スクール」とかいっても、数パーセントの人がかかわるだけの「地域の学校」ということになってしまいます。しかし、やり方次第ではこの生活科の授業のように、授業にかかわる地域の大人の数を格段に増やすこともできるのです。

column

人前で話せなかった私

私は、人から「本当にいろいろなことをやってきたんですね」とか、「よくそれだけ、考え（アイディア）が次から次へと浮かぶねえ」と言われます。確かに、普通の教員よりもいろいろなことをしてきたと思います。

考えてみると、その原点は子どもの頃に人前で話すことができなかったということではないかと思います。私は、小学2年の3学期から中学2年の3月までの6年間、今でいう「場面緘黙児」だったのです。なってしまったきっかけも、治ることができたきっかけも今ではわかっていますが詳細は省きます。

何しろ、授業中はわかっていても手を挙げることができません。先生に指名された友だちが間違えたりすると、「そうじゃないよ。〇〇だよ」と思うことがしばしばでした。「ほかにわかる人は？」という問いかけには、「はい、〇〇です」と言いたくてたまりませんが言えません。家で家族とは普通に話せますし、休み時間に友だちと話すことも何でもありません。授業での発表や学級やグループの代表として人前で話をするというような改まった場だけができないのです。

そのような毎日が6年間続きましたから、学校は楽しいものではありませんでした。勉強は自分だけでおこなって、テストだけは何とか人並みの点数が取れていたというようなことの繰り返しでした。でも体を動かすことは好きで、リレーの選手などにもなっていました。私が一番好きだったのは、外で遊ぶ時に作戦を考えることでした。授業と違って意見を自由に言えます。勝つためのアイディアや、もっと面白く遊ぶための工夫などでは、「ああしたらいいよ」とか「こうしたらどうだろう」と意見を言って友だちや時には上級生からも一目置かれていました。

人前でも話ができるようになってから教師を目指しました。そして夢がかなって教師になってからは、「どんな子も」「楽しい学校に」なるようにということを心がけました。今でも教え子たちとのクラス会（同窓会）が毎年何回も開催されて、授業の話題で盛り上がったりします。自分の子ども時代のことが染みついていて、勉強がわからない子や発表できない子を放っておけなかったことを教え子たちはわかってくれていたのでしょうか。管理職になってからは、担任教師によってやってもらえることが違ってしまうということをできるだけ少なくして、どの学級でも公平に恩恵に浴して「楽しい学校生活」を過ごすことができるようにしたいと考えて、この本で述べるようなことをしたのです。子どもは教師を選ぶことができませんから。

第2章

危機感でまとまった学校と地域

【自己紹介その2】

秋津小学校校長の後は、習志野市教育センターの所長としての勤務でした。先進的な教育を研究できる場であり、また広い視点で教育をとらえることができる場でもあったので、子どもと一緒に活動できない生活にはさびしい面もありましたが勉強になりました。

そこで3年間奉職した後は、当時習志野市内で一番のマンモス校であった大久保東小学校の校長を務めました。この学校は駅前の繁華街に近いこともあって、交通面や安全面での課題が悩みの種でした。連日のように報告がある不審者情報には、教師はもちろんＰＴＡ役員で学校に来る人たちも暗い気持ちにさせられていました。

この問題は学校だけでなく多くの人で対応する必要に迫られていました。そこでＰＴＡや地域の人との協働で対策を練って進めようとしました。しかし秋津小学校のことはけっこう全国的に広まっていることを実感していたのですが、大久保東小学校では、地域と一緒に教育活動をするということに対しては、学校内にも地域にもあまり広がっていませんでした。良いことだからといってもまだこれからどうなるのかが見えないことでしたから、近くにある学校ではあっても先行きを警戒したのかもしれません。また、地域の人にとっては教育に関心がある人でも「よそのこと」という感じでいたのでしょうか、とにかく地域との協働でおこなうということにはゼロからのスタートという感じでした。

しかし、幸か不幸か何より大切な子どもの安全に関して地域と学校が協力し合わなければならないという事態に直面していましたから、それを地域の共通課題として活動できました。都市部の人口密集地の繁華街を学区に抱えている地域で無理のない実践をどのようにおこなったらよいかという面で貴重な経験になりました。ここでも学校と地域が同じ方向に向かって活動するということが、成果を2倍にも3倍にもすることができるということを学びました。

▼学校データ▲
習志野市立大久保東小学校
創立昭和38(1963)年
校長在任期間　平成14(2002)年度〜15年(2003)年度
平成14年度　学級数23　児童数810名
平成15年度　学級数24　児童数807名

1　みんなで腕章を付けたらパトロールがいらない町になった

■「教師もパトロールをしてください」と言われても

大久保東小学校の職員室にいた時に、

「また不審者が出たそうです。今度は、○○公園の近くです」

「放課後は、学年ごとに一斉下校をさせましょう」

「教師とPTA役員だけでは限界があります。今度は保護者全体や地域の方にもパトロールの協力依頼をしましょう」

という切羽詰まったような教師の会話が交わされました。


大久保東小学校は、都心まで1時間以内という立地条件にあり、当時はベッドタウン化が急速に進んでいました。引っ越してくる人も多く人口が急増しています。また私鉄の駅から5分という繁華街の近くにありますので、さまざまな危険と隣り合わせです。なかでも不審者の出没で、児童や中学生が怖い目に遭うということも増えてきていました。教師も保護者もその都度ビラを配ったりパトロールをしたりして対策を講じていましたが、なかなか成果に結びつかず不審者情報が絶えません。

パトロールは、PTAの防犯部会が中心になって「○月○日の○時からです」という連絡が役員に回ってきますが、教師にも「先生もPTA会員なのですから一緒にパトロールをしてください」というように協力依頼がきます。学校としては、職員会議があっても子どもの安全に代えることはできないので、学年1名というようにして無理をしてパトロールに参加していました。職員会議に参加できなかった教員は、教頭や学年の教師から聞いたりして何とか内容を理解するということがどの学年でも続きました。

教師も、受けもっている子どもから被害者が出ることは絶対に避けたいと思っていましたが、煩雑な校務を抱えるなかでPTAからの要請は頭が痛いものでした。しぶしぶ参加している活動に対してPTA役員からは、「先生方の参加が消極的だ」という批判さえ出ていました。しかし、校長としての私の口からは「保護者だけでおこなってください」とは言えません。教師からは、「PTAに対して弱腰の校長だ」という声も聞こえるようになっていました。

そんな教師の現状を、思い切ってPTAの会議で話すと、私が席を離れた後に役員が集まって相談したようです。そして、「パトロールは保護者に任せて、先生は子どもに楽しくてわかる授業をするということに専念してください」という申し入れがPTA会長から届きました。

「だってそれぞれの立場が違うだけで、子どもの成長のためを思うということは同じでしょう。活動まで同じことをすることが学校と保護者の協力というわけではないという結論になったのです」と言うではありませんか。私はうれしくなって、さっそく翌日の職員打ち合わせで話をすると、まるで万歳三唱のような喜びに包まれたのでした。職員にとってパトロールがどれだけ負担であったのか、しかし口に出せない苦しさのなかで何とかやりくりしていたことがよくわかりました。

■「いつも腕章を付けて街を歩く」という名案

それから何日もしない職員打ち合わせの時でした。A教員から、

「PTAの方も、何回もパトロールに駆り出されて大変だと思うんです。なかには、当番の日だからということで仕事の途中で抜け出して参加している人もいると思うんですよ、それに、悪い人はパトロールがない時間帯を狙っているようなのであまり効果がないように感じます。そこで私に一つ提案があります。効果があるかどうかはわかりませんが、いつも腕章を付けて地域を歩くということにしてみたらどうかと思うんですが」

という突拍子もない提案が出されました。買い物の時も、幼稚園に下の子を迎えに行く時も、いや家を出る時はいつも腕章を付けているというのです。この案の良いところは、

・その代わり、パトロール当番を無くしてしまうことができる。

・役員だけではなく、保護者全員が腕章を付けるので目につきやすくなり、抑止効果が大きい。

・役員任せにしないで保護者の自覚を高めることができる。

ということでした。すぐにPTA役員に相談すると、「やってみよう」ということで採用になりました。

この計画を実現するために、PTA役員によって、「趣旨を知らせるための文書づくり」や「全会員に配布するための腕章づくり」が大急ぎでおこなわれました。腕章は、無地の一番安い既製品を都内の問屋で仕入れてきて、役員総出で学校名を手書きしました。これならば、PTA予算の予備費を充当するだけで何とかやりくりがつきました。教員にも配布され（PTA会員なのですから当然です

が）、また大規模校の強みが発揮されて街のなかにいつもパトロールをしている人がいるかのようでした。忘れて歩いている保護者がいたりすると、「あれ、あなた腕章はどうしたの？」と指摘されることもあり、一気に腕章を付けるのが当たり前になってきました。こうして腕章を付けるようになってからは、あれほど頻繁に不審者情報があったのにパタっと聞かれなくなってきました。

また、授業参観日などには大勢の保護者が学校へ来ることもありますので、1軒に一つではどちらかの親や祖父母などは腕章を付けてくることができません。その頃は、保護者などに紛れて学校内に不審者が侵入するという事件もありましたので、学校から指定のリボンを配布して付けてきてもらうようにしたりしました。

こうして街中に腕章をした保護者の姿が見られるようになると、今は子どもが大きくなっている何年も前の元PTA役員は、

「今のPTAは熱心だなあ。パトロールをしている人をよく見かけるよ」

と誤解しているのも気づかずに褒めてくれたりしました。そして、その理由がわかると、

「PTAだけではなく、子どもがいない地域の人にもボランティアで付けてもらうようにしよう」

と言って、保護者以外にも広がるようにもなってきました。また、

買い物袋を提げて買い物に行く途中の大久保東小学校のお母さんたち。腕章を付けているのでパトロールのようになる

「私は、足が悪いのでパトロールはできないけど、子どもが帰る時間には家の前にいて見張りをしてやるよ。まあ、立ち番と言ったらいいかな」

という高齢の方も出てきました。こうして、形式的な組織化はされていなくても、学区中に子どもを守るための実質的な組織ができていきました。

■転校生の親もすぐに地域になじむ

大久保東小学校の校区は新興住宅地なので転居してくる世帯が少なくありません。転校生は、友だちができるかどうかが不安ですが、保護者も慣れない地域では不安がつきまといます。子どもは学級という居場所がありますが、保護者は親しく接するチャンスが少ないだけに、ある意味では子ども以上に不安かもしれません。ある時、校長室へ訪ねてきた転校生の母親が、

「腕章して歩いていると、大久保東小学校の人だということがわかりますので、私は知らない人でも挨拶するようにしています。その時に、向こうがヘンな顔をするので、すぐに『今度東小学校に引っ越してきました』と言うんですよ。すると、『あら、何年生?』とか返してくれるので、『上の子が○年で、下の子が○年です』と答えると、なかには『あら、私の家の子と同じだわ』とか、『隣の○さんと同じだわ』とか言ってくれて、すぐに顔見知りみたいになれるんですよ。まるで腕章仲間っていう感じなんです。この学校へ転校してきてよかったわ」

とニコニコしながら語ってくれたのでした。

仕事をしているために昼間は地域にいない人も少なくありません。ある人は、「仕事の関係でなかなかPTA活動も協力できなくて、心苦しく思っていたんですよ。でも、腕章のおかげで少しはPTA活動に協力していると思えるんです。仕事が終わって駅を出る時に、ハンドバッグから腕章を取り出して付けて家に帰るだけでも役立っているのかなと思えるし、休日に公園で子どもと遊ぶ時も腕章を付けているとPTAの一員なんだと感じることができます」と言っていました。

このように腕章を付けて街中を歩く人が増えてきたことを、子どもはどう感じていたのでしょうか。数人の子どもに聞いてみると、

「これまでは、ヘンな人がいても近くに誰もいないと怖くて逃げるだけだったけど、腕章の人がたいてい近くにいるので言いに行きやすい」「『こども110番』もあるけど、その家に誰もいなかったら困るけど腕章の人は見えるから安心」

という返事が返ってきて、腕章は子どもにも安心感を与える効果を果たしているようでした。

■コミュニティ・スクールというけれど

今、コミュニティ・スクールに認定されている学校が全国に増えてきました。新しい流れとしてとても良いことだと思います。しかし、その多くはコミュニティのなかの「何人かが」「何時間かだけ」学校で授業をするというのが一般的スタイルです。確かに地域の数パーセントの人が数時間だけでも

学校に来て子どもとともに活動してくれるということだけでもすごいことなのですが、学校に来ない数十パーセントの人もコミュニティの一員なのです。多くの人は、学校のことには無関心ということも少なくないのではないでしょうか。

また地域の人の関心が高すぎて、数十パーセントの人が学校に来てくれるということになったら、それはそれで学校にとっては困ったことになります。教室や校庭は大人で溢れて授業や子どもの活動のさまたげになったりします。この大久保東小学校のように、直接的には学校で子どもとかかわらなくても、学校に関心を寄せて地域の子どものためにと緩やかに活動するという人がたくさんいることが、真の意味で地域の学校（コミュニティのスクール）というにふさわしいように思います。

2 校庭に300人集まった花火会

こうして、地域の人も巻き込んで、学校を核としての良識ある活動の醍醐味を知ってきた人たちが増えてくると、「あれもやってあげよう」「こういうことも子どもは喜ぶのではないか」という提案が学校に寄せられるようになってきました。しかも、腕章の事例のように、「無理をしなくても」「大人がちょっとした工夫をすればよいので」という良識ある内容なのです。

■夏休み間近の日の申し入れ

腕章の実践がどの家庭にも行き渡り、学校内が安定してくるようになった夏休み間近のある日、ある保護者が校長室へ訪ねてきました。そして、

「校長先生。夏休みに子どもたちは花火をします。でもこの地区はマンションも多いし、戸建ての家も庭が広くはありません。夏休みに一度くらいはマンションのベランダや狭い庭で花火をするのではなく、広いところで花火ができるように夜も校庭を開放していただけませんか？」

と言いました。夜であることと火を使うということで即答をしないでいました。確かに、この学区では安心して花火をするところも少なく火事になることも心配です。少しして、

「集まるのは何人ぐらいですか？」

と聞くと、

「まだわかりません。どれほど集まるかはこれから誘いますので」

と言うので、大した人数にはならないだろうし校庭は広いから建物の近くで火を使うことはないだろうと思いながらも、

「だれか大人はつきますよね」

と念を押しました。

「もちろんです。バケツに水も用意しますし、安全には十分気をつけます」

と言うので、

「いいでしょう」

と許可を出しました。

■ドキッ、校門に1枚の貼り紙が

それからまもなく、校門に1枚の貼り紙が出されました。一瞬、ドキッとしましたが、そこには、

> 学校の庭で花火会をしませんか。
> ○月○日　○時から。
> 花火は自分の家から持ってきてください。
> 大きな音がするものや遠くへ飛ぶものは禁止です。
> 責任者　○○　○○

と書かれていました。責任者には校長室へ来た方のご主人が引き受けてくれていましたが、私はこんな貼り紙一つでは大して集まらないだろうと安心していました。するとその日の午後に教育委員会から電話がありました。私はてっきり教育委員会からの「中止しなさい」という連絡かと思ったのですが、「宮崎さん、とんでもないことを許可してくれたね。さっき、○○さんが教育委員会に来て、『うち

の校長はたいしたものだ。校長も心配だったろうけど子どものためだと言って許可してくれたよ。あいう校長なら地域のみんなで支えちゃうよ』って言って帰っていったよ」という内容でした。私がホッとしていると、担当者は、

「あの○○さんは体育指導員もしていて、教育委員会もイベントの時などにいろいろとお世話になっていることも多いし、何しろあの人が責任者だというのなら安心だと思って教育委員会としてもオーケーしたよ。それから、消防署にももう届け出は済んでいるそうだから学校からは届けなくてもいいよ」と続けました。

「ああ、そこまで考えてくれていたのか」と感心したので、次にお会いした時にそのことについてふれると、

「だって、校長の顔にドロを塗るわけにはいかないよ。こんなことを許可してくれた良い校長が教育委員会から怒られるようじゃ地域の恥だよ。それに、これからはもう協力しないなんて言われたらこっちも困るしね」と笑顔で答えました。私は、安心して当日を迎えました。

■大人の交流にもつながる

まだ暗くならないうちから、続々と学校に老若男女が集まってきます。後で聞いたことですが、早く来て途中で帰った人や後から来た人なども入れると、３００人ぐらいがいたそうです。在校生と保護者だけではなく、２歳から80歳くらいの人までがいたそうです。

花火会は、責任者になった体育指導員の方のこんな気楽な挨拶で始まりました。

「何人集まるかはどうでもいいことよ。ただ狭い庭やマンションのベランダで花火をやっているのだったら、校庭を借りて集まれる人だけでいいから来てやったらどうだろうと思ったのですよ。それで校長先生にお願いすると夜の校庭を貸してくれたものでね。うちのカミさんが友だちに電話をしていたみたいですけど、もともとイベントとして何人を集めようとかいうものではないので、うちの家族だけでもいいと思っていたのですよ」

花火会は大いに盛り上がって、校庭のあちこちが明るく輝いたり子どもたちの歓声で包まれたりして、みんなが喜んでいるのがよくわかりました。そのうち時間がたつにつれて花火がなくなる子も出てきます。

「無くなったからもう帰ろう」

という父親の手を振り切って、友だちが花火をするのを見ている子もいます。すると、「○ちゃん、1本あげるよ」と言われて、「ありがとう」とうれしそうに一緒にしている姿もあります。それを見て、「すみませんね」という父親に「だって友だちだもんね」と得意そうに花火をあげた子が答えたりしています。一方、花火はそっちのけで、「何丁目ですか?」などと、普段は学校へ来ないので知り合いも少ない父親同士の会話が弾んでいる様子もあります。夜ということもあってか気を許す雰囲気がちょうどよい交流のきっかけを生んでいるようでした。

■「校長の顔にドロは塗れないよ」

無事に済んだとはいえ、やはり火の始末が心配でしたので、翌朝早めに学校へ行ってみました。す

ると、向こうからバケツを持った大人が二人こちらへ歩いてきます。一人は責任者の人です。そうして、

「校長先生、おはようございます。これしか落ちてなかったですよ」

と言いながらバケツを見せてくれました。なかには、花火の燃えさしが2本だけ入っていました。

「燃えさしはバケツに入れるようにとは言っていても、もしかしたら外に捨てたりしている子もいるのじゃないかと思って、明るくなるのを待って校庭をグルッと回ってみたんですよ。みんなルールを守ってくれたんですね」

と、うれしそうに話していました。私が、

「消防署に届け出をしていただいたり、こういうふうにきちんと見回ってもらったり、本当にありがとうございます」

と言うと、

「こんな良い校長に迷惑かけたんじゃ申し訳ないからね。私たちでできることはしっかりやらないとね」

「そうだよ。校長の顔にドロは塗れないよ。それに校長に責任がかかってこれからやれなくなったんじゃ元も子もないし」

ともう一人の人も先日の責任者の人と同じ言葉で続けました。約束だからやってくださいというように規則でしばることも時には必要なことかもしれませんが、大人なのだからと信じて自由に任せたことは、大人の良識を発揮した行動になって返ってきて、一層地域との絆が深まることにつながったように感じました。

3　まき割りをしてから焼くヤキイモ会

■まき割りに母親も大興奮

夏休み中に、もう1回同様の形式で花火会をして夏休みが終わりました。

しかしこれに味をしめたのか、秋も深まった頃に、

「ヤキイモ会をしたいと思うのですが、また校庭を貸してくれませんか」

と言ってきたのは、花火会の責任者だった○○さんです。もちろん、断る理由がありません。

「いいですよ」

と言うのを待っていたかのように○○さんは、

「落ち葉で焼くのではなく、木を燃やして焼くんですよ」

と得意そうに言いました。

「今の子はまき割りもしたことがないので、木をナタで割るところから経験させてあげようと思っているんです。それを燃やしてイモを焼くという計画です」

何やらとんでもないことになりそうですが、○○さんのやることだから心配はないだろうと思って楽しみに待つことにしました。

ヤキイモ会当日は、まず水を入れたバケツと新聞紙、それにアルミホイルが用意されて、子どもた

ちが焼くためのイモの準備に取りかかりました。濡らした新聞紙でサツマイモを包み、それをアルミホイルで包むと焦げすぎないでちょうど良い焼き加減になるのだそうです。

一方、校庭の隅のほうには、材木屋さんから集めた廃材が2ヵ所に用意されました。小さめで割りやすいほうには低学年が列をつくっています。心配そうに見守る母親と手をつないでいる子もいます。また高学年用にはだいぶ大きめの廃材と大きいナタが用意されています。父親の一人が実際にまきを割りながら説明しています。アウトドアブームだからでしょうか、上手にまきを割っています。子どもたちからは、スパッと割れるたびに大きな歓声が上がります。早くやってみたいという気持ちと少し心配な気持ちが入り混じっているようです。

子どもたちの番になりました。どの子も割れるたびにうれしそうにしています。一度終わってもまた後ろに並んでやりたがっている子も大勢います。高学年のほうを見ては、「あのお兄さん、カッコイイ」と羨ましそうにしている子もいます。そうこうするうちに、ある母親がもう我慢できないという感じで、「私にもやらせてもらえませんか」と言ってきました。「いいですよ」という担当の人の声で、力いっぱいナタを振り下ろします。すると、子どもの時よりもしっかりと割れました。「うわあー、割れた。気持ちいい」と、興奮した感じで叫びました。その声につられるように、「わたしも」「わたしも」と、お母さんのためのまき割り時間のようになってきました。でもそこは大人ですから、子どもが並んでいるのを知ると譲ってあげますが、ヤキイモ会の副産物にうれしそうな顔が溢れていました。

■ついでに七輪でサンマを

こうしてまきが出来上がりましたので、校庭の中央に並べて火をつけました。そうして火の勢いが強くなり、やがて熾火ができ始める頃にアルミホイルに包んだサツマイモを火のなかに入れ始めました。

「出来上がった頃に呼びますから、それまでは遊んでいていいですよ」という声で、子どもたちは三々五々散らばりました。

ところが、少しした後に七輪とサンマを持ってきた人がいました。燃えている火のなかから熾火を七輪に移して、何とサンマを焼き始めたのです。

「今の子は、ガスコンロで焼いたサンマしか食べたことがないのじゃないかなと思ってさあ」とだけ言ってサンマを焼き続けます。ひとしきり遊んだ子どもたちが、「なんの煙?」などと言いながら集まってきました。

「サンマだ。サンマだ」「焦げてるよ」「でも、いい匂い」などと、口々に見たことを興味津々に言い続けます。初めて観察したことを発見したのがうれしいとでもいうように、だんだん大きな声になってきます。

「あれ、火の所からまた燃えてる」「ほんとだ。自分の体から油を出すから、それが落ちてまた燃えるんだ」「サンマが、自殺してる〜」

この言葉には大人が噴き出したり感心したりしてしまいました。学級ではこんなことまで言えるのかどうか。先生ではない人との自由な空間が子どもの心も開放しているようです。「食べるかい」という声で、「焦げているところもうまいよ」とか言いながら全部食べきってしまいました。

■自由度と配慮に大人のバランス感覚を

このサンマに気をよくしたのか、翌年の花火会は何と「綿あめ」や「ヨーヨー釣り」などまで持ち込まれて、「夕涼み会」として発展していきました。縁日のようなお店を始めた人は、「レンタルすれば、綿あめ機も水ヨーヨーも安く借りられるんだよ」と涼しい顔をしています。子どもに喜ばれるのがうれしいので多少の出費は気にしないとでも言いたげです。しかし、「何でも無料であげるというのは良くないのではないか」という意見も出て、通常のお店よりは安くて小遣い程度で買える値段設定で夏祭りのミニチュア版になっていきました。

こういう行事は、実行委員になると苦労して何でも準備をする一方、その他の参加者はお客さんのように集まってきては、「面白かった」とか「面白くないからもう来年は来ない」というように評価する側に回るというのが一般的なやり方です。でも、大久保東小学校のやり方は、

・花火は自分で持ってこさせる。
・子どもにまき割り体験をさせる。
・サンマを焼くところを見せる。

というような自由な発想が実行できることに特徴があります。そして、それを周囲の人も認めて応援したり、また自由すぎる時には「与え過ぎは良くないからお金を取ろうよ」という歯止めをかけたりする配慮ができることにも特徴があると思います。

地域には、多彩な人がいます。大久保東小学校では、それぞれが自分らしさを発揮しながらも大人であることをわきまえているという成長したコミュニティの姿を見ることができるのです。このような自由度と良識のある姿は、コミュニティ活動の根幹であるように思います。とかく、「計画にないから」という責任者のひと声で個々の判断は押し殺されてしまいがちですが、「私の発想をみんなも認めてくれて、また子どもも喜んでくれた」ということはやりがいにつながり、積極的にコミュニティをよくしていきたいという人が増えることにつながると思います。

第3章

施設を貸すだけで地域との無理のない協働が

【自己紹介その3】

千葉県の教員を定年退職する前の3年間は、習志野市内で最も歴史があり、市の中心部に位置している鷺沼小学校の校長でした。明治初頭に開校した歴史のある学校は地元の人にはとくに愛着があるようで、学校からの依頼には実に協力的で、また新しい試みについても目的さえ共有できれば積極的な活動をしていただけることが多かったです。一方、地域の人にとっては、それまで学校のことは教師に任せるという発想に慣れていたために、地域の大人が学校教育にかかわることができるということが新鮮であったようです。古い学校だけに、昔からのしきたりを守るという伝統もありましたが、市街地でもあったのでマンションも多く立ち並んで転居して来る人も多く、学校にも地域にも新しい風が吹き始めていました。

そこで私は、教師の多忙感に配慮していただくことを前提として地域との協働活動に取り組むことにしました。歴史のある学校ですから、地域の行事などで、何かと教師の参加を求めることが習慣化しており、それがネックとなって教師にとっては地域との協働による教育活動を主体的におこなうことをためらわせていたように思ったからです。そういう私の思いを地域の人も感じていたのか、まずは学校の施設利用での地域との協働から始めることにしました。「活動に教師を動員させない」ために、学校は場所だけを貸し地域の人と子どもたちによる活動を平日、休日を問わず実施したのでした。

▼学校データ▲
習志野市立鷺沼小学校
創立明治7（1874）年
※近所のお寺で鷺沼学校として創設。その後、津田沼（尋常）小学校に統合されるも、昭和28年に鷺沼小学校として独立。
校長在任期間　平成16（2004）年度～18年（2006）年度
平成16年度　学級数19　児童数582名
平成17年度　学級数20　児童数625名
平成18年度　学級数21　児童数646名

1　休日の校庭を「おやじの会」による体験活動の場に

■「休日の校庭なら問題ないでしょ」

秋津小学校や大久保東小学校での地域との協働の様子を、市内の横のつながり組織である体育指導員会に参加している鷺沼小学校の保護者の人も知っていました。その情報によると、「今度の校長ならいろいろとやらせてもらえるらしい」というものでした。地域には、「子どものためになることをあれもこれもやってあげたい」という気持ちが満ち満ちているようでした。

赴任してほどなく、さっそく体育指導員さんをはじめとして数名が校長室へ訪ねてみえました。

「子どものために、休日に校庭を使わせてもらっていろいろなことをしたいのだけど、休日だし校庭なら勉強の邪魔にもならないからいいでしょ」

と切り出しました。しかし、鷺沼小学校は地域の方による少年少女のスポーツが盛んで、休日の校庭は野球やサッカーをおこなうクラブの練習でたいてい埋まっているはずです。そのことを言うと、

「大丈夫です。私はそういうのを調整する事務局をやっている体育指導員ですから、いつなら使えるかということを全部つかんでいますから」

と、校長がそう言うだろうということは想定済みだというように自信満々に答えました。これでは断る理由はありませんし、もとより望んでいたことです。「やられたあ」と思いながら、「わかりました。お使いください」

と許可を出しました。

「ところで、いつ頃にどんなことをするのですか?」

と私は聞きました。すると、今度も待ってましたというように、

「春の大会が終わった頃にヤキイモ会をしようと思っているんです」

という話なので、「えっ、こんな時期に?」と思っていると、

「大久保東小学校の○○さんは、体育指導員会で一緒なんですよ。それで聞いたもので、同じようにやろうかと思っているんです」

との答え。なるほど、そういうつながりかと感心しながら、

「でもこの時期じゃ、サツマイモは手に入りにくいんじゃないですか?」

と聞くと、

「この人の知り合いで、立派な貯蔵庫をもっている農家の人がいて、まだたっぷりあるので分けてくれるって言ってますから大丈夫です。それに、材木屋から廃材をもらえる手はずも済んでいます」

と聞かないことまで話してくれました。

これはすごい。教師にはほとんど教育界の人脈しかありません。でも地域にはさまざまなことでかかわり合ったり結びついたりして、縦横無尽のつながりがあるのだということを改めて実感しました。

■「おやじの会」の事務局は女性が買って出る

ヤキイモ会は、大久保東小学校の時と同じようにナタで廃材を割って火をおこし、またサンマを焼くということまで同じように進みました。私にとっては2度目でしたが、もちろん鷺沼小学校の人たちにとっては初めての経験でしたのでみんな大喜びでした。片付けが一段落した頃に、名残惜しそうにしている大人たちが三々五々道具の側に集まってきました。そうして笑顔で、

「こんなに楽しいなら、これからもいろいろなことをやりたいね」

と口々に言いながら話が盛り上がりました。その結果、実行するためのある程度の組織をつくっておいたほうがいいのではないかということになりました。その頃マスコミなどで報道のあった「おやじの会」ができている地域があるという情報を知っていた人からの提案で、「鷺沼小学校おやじの会」をつくろうということで一致しました。

しかし、その事務局的なことをおこなう人をどうしようと悩んでいました。それぞれに仕事が忙しい年齢です。顔を見合わせて沈黙の時が少し流れました。するとある女性から、

「わたしじゃ、まずいですか。おやじじゃないけど」

との提案がありました。みんなびっくりして顔を見合わせました。

「いいんじゃないの」

「おやじっていう名前がいけないいんじゃないの」

などの意見が出ましたが、

「おやじでいいと思います。父親が参加しやすいですから。それにわたしだって、おやじが忙しいのでちょっと手伝っているだけなのと言ったほうが、重くならないから周りの人に気を遣わなくて済むし」

ヤキイモをする前にまき割りをする子どもたち。地域の人たちが危険のないようについて教えてくださった

とその女性が言いました。これでは文句の言いようがありません。

「じゃあ、お願いします」

と言う声で、満場一致で決まりました。

後に、その女性にどうして引き受けたのかということをもう少し詳しく聞きますと、

「私には下の子もいるの。この子が卒業するくらいまではこんな楽しいことを続けさせてあげたいなあと思ったの」

とお母さんの側にいる子を見ながらいいました。数年で転勤をする教師と違って、保護者には子どもを通してその何倍もの年数を同じ学校に通わせる人がいます。自分が転勤したとしても続いていくような組織づくりが大切なのだと思うとともに、教師としての引き継ぎもしっかりしておいて、よくあるような「校長先生が変わったからできなくなっちゃったの」と言われるようなことがないようにしたいと思ったのでした。

私の在任中におやじの会では、大久保東小学校のように花火会もおこないました。でも、夕涼み会には発展しませんでした。それはそれで地域の実情ですからまったく問題はありません。その代わりに、流しソーメンの会などもおこなって毎回楽しい時間を過ごしました。子どもを喜ばせようとする活動を通して大人たちのなかにも関係づくりができていきました。

2　早下校の日にフラワーアレンジメント講座を

■「平日だってできるでしょ」

大久保東小学校も鷺沼小学校も児童減がほとんどなく、秋津小学校のように余裕教室を地域に貸し出して地域の人たちが常時活動をするということはできません。したがって、私はできるだけ授業などの教育活動に支障がない範囲でという条件つきで、保護者や地域に施設を貸し出すようにしていました。しかし、使わないだろうと思っていた学校の施設であっても、子どもの学習状況などで突発的に使うことがあります。たとえば図書室は、国語の授業だけで使うものではありません。算数や理科の授業中でも、「図書室の本で調べてきたい」という要求が出ることもあります。地域の人もその点は承知しています。校庭の場合は、広いので隅の方を使っておこなうことができるものもありますが、教室の場合は難しい面があります。そういうなか、いわば隙間を縫って取り組んだ例があります。

お孫さんが通っている鷺沼小学校で、休日に校庭を利用して地域の人たちがいろいろな活動をしている様子を聞いたAさん（在校児の祖母）が、「それなら、平日だって先生に迷惑がかからないのならばいいのではないかしら」ということで、「フラワーアレンジメントがしたい」と言ってきました。「母の日も近いので、花束では枯れてしまうけどフラワーアレンジメントにすれば長持ちするから」というのが理由でした。

計画されたその日は学年会議の日でした。子どもたちは全員が早く下校しますから、突発的に教室を使うという心配もありません。そういう状況のなかで、「フラワーアレンジメントをしたいという希望の子だけは学校に残って教えてあげたい」と言うのです。

「先生方の迷惑にならないように離れた教室を貸してほしい」とたたみかけてきました。私は「学校の予定をそこまでよく調べているなあ」と感心しながら許可しました。

■教室の窓からニコニコ見つめる教師

当日は、ほとんどの子は下校しました。でも、事前に申し込みをしていた子は離れた教室に集合しました。初めての試みでしたが、花が好きだというような女の子が十数人集まりました。カーネーションを基調とした花束とはまた違った心のこもったプレゼントができたので、参加した子どもも大喜びでした。そして出来上がった作品を大事そうに抱えて帰る子どもの姿を、教師も会議室の窓から眺めながら顔がほころんでいました。

これに気をよくしたのか講師を務めたAさんは、12月にはクリスマスリースつくりも計画しました。前回参加した子はもちろん、母の日の時には気が乗らなかった子も今度は何人も挑戦して、男の子も女子と同数ぐらい参加して得意そうにリースを持って帰る姿がありました

このフラワーアレンジメントで一番喜んだのは、講師を務めたAさんご自身でした。孫が在籍して

いるということで講師を務めてくださったのですが、子どもの喜びが自分の喜びになり、公民館などで大人を対象とした講習をする時とは違った喜びになったようで、「やってよかった」と笑顔で語ってくれました。子どもの喜ぶ顔は、大人を元気にするということをしみじみと感じました。

3 保護者も参加した陶芸教室

■こんどは祖父の出番

講師を務めたAさんの姿をいちばん身近で見ていたAさんの夫は、「そんなにいいことなのかい」と、自分の趣味である陶芸をやってみたいと思いつきました。期日や場所などについての学校との交渉は、経験者であるAさんがサポートしました。そうして、いよいよ実施です。

ところが陶芸は、形をつくるだけではなく色づけや焼きなどの工程で最低でも3回を要します。図工の粘土細工の経験から、つくればすぐに作品になると思っていた子も多く、

「これから乾燥させて、色をつけて、それから焼くので1ヵ月くらいかかります」

という説明には半分がっかりした様子もありました。しかし、この講座には大人の人も参加していたので、

「大人と同じホンモノをつくるんだぞ〜」

「世界に一個しかなくて、お家でもきちんと使えるものができるんだよ」

という口添えに、

「ホンモノなんだあ」

「売っているものと同じなんでしょ」

等々、うれしそうに言いながら1ヵ月後を待つことになりました。

公民館などでおこなっている陶芸講座は人気も高く、順番待ちが出るほどのところもあるそうです。一方、大人のなかには「ちょっとやってみたいけど、本格的なことを学ぶには時間もないし……」という人も少なくありません。そこで、公民館講座の講師を務めたこともあるこの講師（児童の祖父）は、「子どもだけではなく、保護者の参加もオーケーですよ」と申込書に記入欄もつくりました。そのために保護者も子どもの半数ぐらいが集まり、参加者が予定よりだいぶ多くなってしまったのです。でも「せっかく希望してくれたのだから」と断ることなく進めました。

土の手配から釉薬や彩色の指導だけでなく、作品を焼くためには公民館にある窯を使わなくてはなりませんので、その空いている順番の手配等々、日頃自分たちが趣味でやっていた時の数倍も大変なことがあったようですがやりとげました。見かねて、会計はAさんとその仲間のフラワーアレンジメントサークルの人が手伝いましたし、陶芸の講習には3日とも、サークルの仲間が補助してくれました。そうして、「大変だった」と大汗をかきながらも、「おじちゃん、ありがとう」という子どもたちの声に「本当に、やってよかった」という思いを強くしたようでした。

■地域の人が学校に入る良さに教師が気づく

3回の陶芸教室の講座日は、子どもの下校を早くして教師は学年ごとに会議をもつ日でした。陶芸教室に参加しない大部分の子は早く帰宅しますし、教師は誰も参加していません。学校も静かです。教師は、職員の打ち合わせの時に講座があるという連絡がありましたので、学校の一室で地域の人と子どもたちが何ややっていることは知っていました。でもそれほどの関心はもっていないようでした。フラワーアレンジメントの日も陶芸の日も、学年会議に気をとられてそのことに神経が向いていたからでしょう。しかし、担任する子どもが教室へ忘れ物を取りに来たり、下校の時に大事そうに花束等を持って帰ったりするのを見ていました。

「あら、すてきねえ」などと声をかけながら、いいものだなあという感想をもったりする教師も出ていました。陶芸の時は、ちょっと会議を抜け出したりして覗きにくる教師もいました。時間も場所も自分たちは何も制約されない活動であるのに、教師のいない場所で子どもの喜んでいる姿を目のあたりにして、地域の人が学校へ入ることの良さに少しずつ目がいくようになってきたことを実感しました。

陶芸教室に参加した子どもたちや父母に説明する講師（児童の祖父）

■教師から「やろうよ」という動き

こういう現実を見て、「これならば」と、学校がひらかれることへの警戒感が薄れていったのです。しかし、これこそが地域の知恵者の考えたことだったのです。秋津小学校や大久保東小学校の事例も少しずつ広まってきていましたから、鷺沼小学校でも学校と地域の協働をやりたいと思っていた人もいたのですが、先生の気持ちが変わらないのに、一方的に地域がアプローチをすることは良くないと思ってじっくりと待っていたのです。そうして、地域と一緒に実施すると良いことがいろいろとあるという現実を見てもらって、その上で学校と地域が一緒に活動しようと考えていたのです。とかく強引に、学校に入り込む地域もあります。こうすると、見かけはひらかれた学校が進んでいるように見えても、学校としてはギリギリ最低限のことしかやらないようになるのです。

こうした流れのなかから、「授業のことで地域の人の力を借りたい」という要望が教師から次々に出始めました。

・6年生の歴史で、戦争のことを知っている地域の人を探してほしい。
・和楽器の指導ができる人はいないか。
・パソコンをできる人がいると個人的に対応してもらえるので協力依頼をしてほしい。
・3年生は書き初めの授業で初めて大きい紙を使うので、指導者を探してほしい。

等々の要望が挙がってきたのです。

要望をする教師は、先に地域の人との授業をした教師からそのときの情報を聞きます。そうして、自分の授業に支障がない程度を心得て協力してくれるということを知ると、授業への協力要請をして地域の人との協働ができるようになってきました。地域の人は、教師の忙しさを知っています。また、私からも学校にはあらかじめ教育計画ができていて、途中から教師に言われたこと以上のことを要望することは教師も困るということを話しておきました。そうした地域の大人の良識を支えにして、大人や子どもにとっても楽しい「自分たちの学校」に前進していったのです。

4 車いすのMちゃんとのかかわりにも変化が

■「ドッジボールも一緒にやろうよ」

地域の人や多彩な人とのかかわりが当たり前のようになってくると、それまでちょっと違和感があった人に対しても何でもなくなります。それが、子ども同士のクラスメートだったらなおさらです。

3年生のある学級には、車いすで生活しているMちゃんという女の子がいました。学校生活のどんなこともほかの子どもたちと同じことをしていましたが、体育だけは違っていました。たいていは、体力をつけるということをねらいにして、校庭の周りを車いすで走っていました。ある日は、ドッジボールをすることになりました。すると、

「Mちゃんもドッジボールを一緒にやろうよ」という提案が子どもから出ました。教師は、一緒にやりたいという気持ちはわかるとしても、ボールゲームを一緒にやるということは危険なことだと思っ

ていました。もし何かがあって車いすが転倒したり、ほかの子どもとぶつかったりしたら大変です。でも、子どもたちの、「そうだよ、一緒にやろうよ」という声に押されて、自分が特別に注意を払いながら見ているようにしようと考えて、「いいよ。そうしよう」と決断しました。

■「当たった、当たっていない」で激論に

赤白の2組に分かれてドッジボールが始まりました。Mちゃんは、ボールを投げるという経験がないので、今日は一生懸命に車いすをこいで赤チームの内野を逃げ回ります。しかし、ほどなくしてMちゃんにボールが当たりました。白チームからは、

「Mちゃん、当たったから外野に出るんだよ」

という指摘がありました。ところが、

「Mちゃんは当たっていないよ。今のは車いすに当たったので、Mちゃんじゃないよ」

という赤チームからの援護の声。

「そうだよ、そうだよ。Mちゃんじゃないんだから、外野に出なくてもいいんだよ」

とさらなる援護の声。

そこで教師は試合をストップして、当たったとみるかどうかを子どもたちに話し合わせることにしました。

「かぶっている帽子だけに当たったって、当たりになるんだから車いすも当たりにしよう」

という強力な白チームからの意見もありましたが、

「帽子は横を向けば逃げられるけど、車いすは、大きくて当たりやすいし逃げるのに大変なんだから、同じように当たりにしたらかわいそうだよ」

という思いやりのある意見が出て、車いすだけに当たった時は当たりとしないということになりました。

■「Mちゃんがほしい」

再びドッジボールが始まりました。内野でMちゃんは必死に逃げています。何度か車いすに当たりましたが、とうとう試合終了まで逃げ切りました。少し休んでから、2回戦が始まります。すると白チームから、

「今度はMちゃんは、こっちにほしい」

という要求が出ました。

「だめだよ。僕たちだって赤チームはいつも赤って決まっているんだからMちゃんはずっと赤だよ」とどうしても引き止めたい味方チームが必死で理屈を言います。でも、「今度は白に入ってもらいましょう」という先生の決定が出ました。すると、「やった～」という白チームの声と、「ちぇっ」という残念そうな赤チームの声がありました。

担任の教師は温かく見守り、障がいのある子を受け入れるとともに自分たちも成長していく子どもたちの姿から、「子どもから学んだわ」と言いながらうれしそうに話してくれました。

運動会には地域の方もたくさん見に来てくれます。Mちゃんはほかの子たちとまったく同じように参加して、できることで精いっぱいにがんばりました。他学年のほかの子も、その姿を一生懸命に応援してくれました。その様子を目にした地域の方がラジオに投書してくれました。後日、学校へ来てくれて、「あまりにもすばらしいことだったので」と言いながら、また思い出したのか涙ぐんでいました。そのことを、教室へ行って子どもたちに話しました。すると、子どもたちは何のことかよくわからない様子でキョトンとしていました。

「なんでえ〜。別に、友だちだもんねえ」

「うん、そうだよ、友だちだもんね」

と、自分たちのしたことは特別のことではないのに、このおじさんも校長先生も何を言っているのだろうという感じでした。子どもたちにとっては、もう当たり前になって自然にできているいつものことなのです。でも、大人にとっては障がいのある人とのふれ合いの様子が、特別のことに見えてしまっていたのです。

私は、いわゆる違和感というものは、早い時期からともに生活することで払しょくできるのではないかと思っています。だからこそ、障がいのある人はもちろんのこと、日常的にさまざまな人とのふれ合いがあって、多様な個性とともに生活できるような環境が必要なのだろうと思います。核家族化とか少子化とか言われる現在だからこそ、自分の親とは違った大人と深く触れ合ったり、見かけはちょっと変わっていると思っていた人が実はとても優しいすばらしい人だったりというようなことが当たり前になる日常を積み上げさせることはとても大事なことと思います。そういう素地があれば、誰かに違和感をもったり、誰かを排除したりするのではなく「人を人としてふつうに接することができる」ようになるのではないかと思うのです。

＊

学校を地域に開放することは簡単で何でもないように思っている人がいます。そうです。簡単なことなのです。でも教師のなかには、わからないがゆえに恐れ、抵抗をする人がいます。何を恐れるのかというと、その大部分は自分の時間が制約されるのではないかということです。つまり、〝地域の人が学校に入ってくると学校は地域の人にお世話になる。そのことによって見返りとして、教師も地域の行事等に対して恩返しのために参加を強要されたりするのではないか〟という図式なのです。地域と学校の関係が濃密になればなるほどそれが大きくなり、その分、自分の私生活が影響を受けるのではないかと恐れるのです。

地域の人はそんな見返りを期待してはいません。ただ学校で、自分の地域の子どもたちとともに過ごしたいだけなのです。しかし、教師にそう思われないように、地域の人もその点を配慮して活動する知恵も必要なことです。だから、「施設だけを借りて学校で活動できる」という試みは、教師に警戒感をもたれないようにする第一歩として良かったのではないかと思います。

第4章

学校と地域の よくあるすれ違い あるある話

学校と地域というと、身近なので互いにわかっていそうでいて実はその内実までは双方ともによくわかっていないのではないかと思います。そのために、配慮のしすぎがかえってやりにくさを生んだりします。逆に、もう少し気を遣ってくれればもっとスムーズに進むのではないかということもあります。私の経験でも、ちょっとした行き違いがあって関係が危うくなりそうなことがあり、教師から「もう地域の人には来てほしくない」ということになりそうなことがありました。ここでは、そのような経験から、「悪意が無く、良いことをしていると思い込んでいるのにちょっとした行き違いのために関係がこじれそうになったこと」と、「本当にそういうことがあったら困る」ということに分けて述べたいと思います。

これから述べることは、小さいことと思われるかもしれませんが、小さいことのすれ違いがお互いの信頼を無くしてしまうということにつながったりすると思うからです。人の心にちょっとした配慮をした足元の心遣いが学校と地域の関係を良いものにしていくと思います。

1　互いの立場を知らないから起こる「ちょっとしたすれ違い」

■地域の人編

①「かわいそうだから」と教えすぎてしまう

図工の粘土で茶わんをつくっている授業を参観している時に、担任教師が私の所へ来て不満そうな

顔で、

「これだから困るんですよねえ。ああして子どもに手伝ってあげちゃうんですよ。あの子は、今、自分なりに工夫しているところだったのに」

と言いました。

私は、「しまったあ。あの人は今日初めて講師として学校へ来てくれた人だったんだ。地域講師としての出番をきちんと話しておかなかったから、ああして手を出しすぎちゃったのだ。失敗したなあ」と思いました。そうして、その講師が次の子のところへ向かおうとしている時に、離れたところへ連れて行って、

「子どもから、『どうしたらいいですか』という質問が出るまでは、今はちょっとじっくり見ていていただけますか」

と言いました。講師は、不満そうな顔を見せましたが、

「詳しくは後でお話ししますから」

と言って、その場を引き取りました。

教育は、子どもが自分の力で解決に取り組みながら知識や技能・態度などの力をつけていくようにすることを目的としています。そのため、教師は子どもがわからない（できない）からといってすぐに教えてしまうのではなく、できる限り我慢して授業に取り組んでいます。個々に見れば、この子は自分の力でがんばろうという気持ちが芽生えているのだから、今はじっと見届けてよくよくの時まで

出ていかないようにしようというように、一人ひとりに応じて対応しています。

しかし地域講師の方は、ほかの子ができているのに困っている子がいると、教えてあげて（手を出して）しまうということがよくあります。近くで見ているので、「かわいそうだから」「見ていられなくて」というのがその大きな理由です。教師は、その人にストップをかければいいのですが、その場ではなかなか言えません。その上、授業が終わった後に、子どもから感謝の言葉があったりするので地域講師の人は、「良いことをした」と思いこんでしまいがちなので、教師の側は困ったことになります。この授業の場合は、校長が側にいましたから地域講師も言うことを聞いてくれましたが、担任だけだったらこのようにはいかなかったかもしれません。

授業がこのようになってしまうのは、教師が遠慮から「モノが言えない」ということに起因することが多いものです。教師からすれば、地域講師は無償で来ていただいているだけでなく、年齢が上であり技能的にも優れていることがほとんどです。また、今後のことや学校への評判なども気になってしまい、子どもの前で「こうしてください」と強くストップをかけることはなかなかできないものだからです。こうなった場合の最大の犠牲者は子どもです。大人同士の思惑で無理につきあわされることになるからです。子どもをどのように育てるかという教育の質に関することだけに、このことは事前によく共通理解して授業に臨むということが求められるところです。

②延々と基礎練習だけをやらせる

1学期のある日、クラブ活動の時間を見ていると、壁に向かって、

「イ〜チ、ニイ〜、サ〜ン」と声を出しながら、つまらなそうに素振りをしている卓球クラブの子どもたちの姿がありました。その場は黙って通り過ぎましたが、担当の教師を呼んで聞いてみると、「去年の指導者の時は、試合中心にしていたので子どもたちも盛りあがっていました。そうして自分の良くないところに気づいたら、試合を待つ間に個人的に練習したり、友だちにも言ってもらったりしていたのですが、今年の指導者になってからは、いつもああなんです。教え込むばかりで……」と言った後に、

「自分は部活動で選手だったらしく、この子たちも大会に出る子たちだと思っていて『悪い癖をつけないためには基礎が肝心だから』と、反復練習しているんです」

と続けました。ここでも私は、「しまった」と思いました。

指導に来てくれる人はたいてい腕に覚えのある人です。その道で鍛えてきた人のなかには、できるならば子どもたちが強くなって選手になってほしいという願いもあります。そのために、中学・高校の部活動でおこなうような指導（訓練）をしてしまいがちです。しかし、小学校のクラブ活動は好きなスポーツに興味をもつようにするという程度の内容が多いものです。またそのスポーツを選手として活動した経験がないという教師が担当になることも少なくありません。これは、あらかじめ小学校のクラブ活動の意義をしっかり説明するように教師に念を押していなかった私のミスでもあったのです。その意思疎通が不足していたために子どもたちは無理やり基礎練習と称して素振りにつきあわされていたのです。地域講師の人は良かれと思って知らずにやっているのですから批判される理由はありません。

③「来年もやってあげましょう」というありがた迷惑

私のミスの話が続きます。

地域の人が学校の授業にコミュニティゲストとして来てくれた後は、子どもたちがお礼の挨拶をしたり感想を書いた手紙で感謝を表わしたりするということがあります。その子どもたちの言葉に偽りはないのですが、教師から見ると表面上は感謝の態度で取り繕いますが必ずしも「良かった」ということばかりではありません。

教師は授業をしている時には子どもがわからなそうにしていたり、つまらなそうにしていたりするというような顔色に応じて、臨機応変に授業に変化を加えることができます。しかし、地域講師は教育のプロではないので仕事や社会で大人を相手にしている時と同じような難しい言葉を使ったり、延々としゃべり続けたりするというようなことがあります。

それは当たり前のことです。教師は教育のプロですから、時間が限られていることを前提にして工夫しながら教育活動をすることに慣れていますし、教育内容についても子どもに合わせて臨機応変に対処することができます。しかし、地域講師の人は自分の出番に一生懸命に取り組み、子どもが喜んでいたと思い込んでいるのですから無理もありません。そして、地域講師から「来年もやってあげます」という声が学校に届きます。教師は、「ありがとうございます。来年の担任にも話しておきます」と言ってその場は取り繕いますが、必ずしも高い評価で伝達するとは限らないことも少なくありません。

また、カリキュラムが変わったり、教材の内容を変更したりするということも教育の場ではよくあります。「去年は○○の所へ見学に行ったが、今年は□□にしよう」などということもあります。そういった学校の事情も知らないままに、翌年も当然声がかかるだろうと思っているのに期待を裏切られると、「今度の先生からは声がかからなかった」「校長が替わったからだ」などと思い込んで教師を批判したり学校不信に陥ってしまったりすることがあります。学校にはこのような事情があるということを知っておいていただくと学校不信は防げるものと思います。

■教師編

①人材バンクに登録しても「なしのつぶて」

「人材バンクに登録してください」という文書が学校から家庭に届いたとします。そうすると、地域の人はどのように考えるのでしょうか。「昔の人間だから」と自認していた私の義母の例をもとに考えてみます。

義母は、地元の学校から人材バンクへの登録依頼が来た時に、趣味で活動していたことの欄に名前を書いたり消したりしていました。その時の私との会話です。

「お義母さん、なんで書いたり消したりしているの?」

「だって、学校が人を探しているみたいだから、少しは助けになるかなって思ったのよ」

「そうだよ、お義母さんは○○が上手なんだから名前を書くと学校も喜ぶよ」

「でも、私は好きでやっているだけだから、人に教えるなんて」

「大丈夫だよ、相手は子どもだし、気にしなくてもいいんだよ。私の学校でも趣味でやっている人に来てもらってるんだよ。先生が教えるよりもわかりやすいと言って子どもは喜んでいるよ」

「でも、私は、教授法を習ったわけでもないし……。かえって学校の迷惑になるかもしれないもの」

「そんなことないよ。登録したら」

「でも、風邪をひいて休まなくてはならないこともあるかもしれないし……」

結局、母は人材登録をしませんでした。

学校にとっては、1枚の紙で依頼しただけのことかもしれませんが、母に限らずそれを「まじめに」受け止める地域の人は、こういう心の葛藤のもとに登録したりしなかったりしているのだろうと思います。

また、学校が必要に応じて「活用」する地域の人はさまざまです。しかし、登録したのに1年たっても一度も「活用」されなかった人は、どんな思いでいるのでしょうか。登録の時にはあれほど悩んで決意して書いたことがどうなっているのか、学校の教育活動（授業）に来ていただく場面がなかったという教師側の論理だけで、連絡もないままに1年が過ぎれば、学校に対して不信感をもったりすることもあるのではないでしょうか。学校に来てくれる人の多くは、「やってあげる」というのではなく、「少しでも学校のお役に立つならば」という気持ちで来てくれる人が多く、むしろ気を遣って活動に参加してくれているのだと思います。

私は、登録したのにカリキュラムの関係で講師として来ていただく機会がなかった人にも、運動会や学習発表会などの行事では招待状を送りました。こうして学校の「味方として」関係をつないでおくようにしました。このような対応を続けることで、学校側のミス（依頼が不十分であった時など）にも地域講師から心やすく問い合わせてくるようなことにつながったことがありました。

また、よく地域講師のことを、「人材」とか、「活用」とかいう言葉で表現することがあります。しかし、「この人は役に立つから人材だが、あの人は役に立たないので人材ではない」というように、上から目線の感じがするのでこの表現は使いませんでした。同様に、「活用」という表現も、学校側が地域講師を使い勝手よく利用するというようなニュアンスになってしまうので、使わないようにしてきました。私は、誰もが人材だと思うのです。

②「このくらいのことは言わなくてもわかるだろう」と安易に考える

怒られなかったけれど、ほんとうは怒りたかったのではないかと思われるような1本の電話がありました。

「今年から地域講師で学校に行かせていただきますが、去年までやっていた人に、どのようにおこなったらいいのかと聞いたのですが、そのうち学校から連絡がくるでしょうと言われて、待っていたのですけれど連絡がないので……。これから伺っていいですか」

というものでした。言葉はきつくはありませんでしたが、明らかに学校の対応に怒っているような印象を受けました。

また授業で地域講師の人に来ていただいた時に、「細かいことがよくわからなかった」と言われたことがあります。そういうことにならないようにと、学校側ではしっかり説明しているつもりでも、部外者である地域講師にはわからないことも少なくありません。教育現場では当たり前になっている基本的なことだったりして、教師が「このくらいは言わなくてもわかるだろう」と勝手に思い込んでしまっていることに原因があるのかもしれません。教師同士は職員室などで毎日顔を合わせる生活に慣れていますので、打ち合わせが足りなくても立ち話などでも共通理解ができるのですが、この日だけ学校へ来る地域講師にはそれはできないのです。

また、教師にとってはこの講師との授業は、たくさんの授業のうちの一つですから、この授業だけに特別に時間をかけるということはできません。しかし、地域講師にとっては、これが年に一度の授業ということがほとんどですし、学校に迷惑がかからないようにという責任感を伴っていますので、詳細まで丁寧に打ち合わせをしたいと思っているのです。まして、今年初めて講師になって参加するという人の場合などはとくにその必要があると思います。地域講師同士で前任者から引き継ぎができているということはまずないと思います。「去年はどのようにやったの?」と聞かれても、「学校に聞いたほうがよくわかるよ」という程度の会話になってしまって、細かくは伝わっていないと思いますから、不安になっていることだろうと思います。わかっているだろうと勝手に判断して決め込むのではなく、くどいくらいに連絡を取るということが地域講師の安心感につながりますし、「あの教師は忙しいのにもかかわらず丁寧に連絡をくれた」という安心感が信頼につながるのではないかと思います。

③地域講師のやりくりの大変さに思いが至らない

地域の人は、それぞれの仕事や家庭の都合をやりくりして大変ななかでも来てくれているのに、学校（教師）はどれだけそのことに心を寄せているだろうかと思うことがあります。たとえば仕事をしている人は、上司に許可をもらわなければなりません。同僚にはシフトを変更してもらうこともあるでしょう。なかには、嫌みの一つも言われることもあると思います。また高齢者にお願いすることが多いと言っても、趣味の会や地域活動の役員の仕事と日程が重なる人もいると思います。でも、「子どものためだから」と無理して来てくれているのだということに、教師は心を砕いていくことが大切ではないかと思います。しかも仕事で来てくれているわけではありません。教師は、授業に来てもらうことでいろいろな対応もありますので、そのことに気がいってしまっていることもあるでしょう。でも、「お忙しいのにありがとうございます」というお礼を言うのはもちろんのこととして、余裕ができたならば、「趣味でおこなっているとお聞きしましたが、いつ頃からやっているのですか？」とか「発表会はあるのですか」というような、ご本人側の領分について少しでも言葉をかけるといいのではないでしょうか。声をかけられたら悪い気はしませんから、関係づくりにつながるのではないかと思います。

④地域講師に対して横柄な態度をとる

教師のなかには、地域の人が学校へ来ることをあまり快く思っていない人がいるのも事実です。「校長先生、教師の必要感がないのにどうしても地域の人と協働授業をしなければいけないのですか？　授業は教師が責任を持つものでしょ！」と強い剣幕で言ってきた教師もいました。教師は、自分の授業に責任を持っています。また自分の精いっぱいを出し切って教育に取り組みたいという気持ちを強くもっています。なかには、全部の授業を自分だけでおこないたいという強い責任感のある教師もいたりします。地域講師との授業は子どもにプラスになるということがわかっていても、そういう教師ほど、なかなか受け入れたくないものです。したがって、学校の教育計画上で地域講師との協働授業をするという予定が入ってくると「とりあえずやればいいんでしょ」というような消極的な姿勢になってしまうこともあります。

また、このような教師には、「地域の人を使う」というような感じが態度に出たりして、地域講師に一方的に指示したり、時には命令的な対応になったりすることがあります。そして、教師の「言うとおりにしてくれる人がいい人であり、意見を言われるのを嫌う」という傾向があります。こういう態度は、社会でさまざまな経験を積んできている地域講師の目には横柄なものと映り、「協力したくない」という気持ちになってしまいます。学校では平等に教育を受けられるということが基本ですが、これでは、この教師の学級の子どもだけが地域講師の恩恵に浴すことができなくなったりします。

⑤学校だよりに書けば地域全体に連絡したものと考える

秋津小学校のクラブ活動で、「誰でもクラブ員として参加できます」という回覧を回しました。それで、参加した人とそうでない人がいました。（33ページ）。一部の人だけに伝えるというようなことをしたわけではありませんから、見なかった人はその人の責任であって学校の責任ではありません。

しかし、情報過多の時代です。回覧を見ない人もいるでしょう。そのことを見越して、授業参観日にわざわざクラブ活動では指導者としてではなくても地域の人は参加できるのだという場面を見ていただいたのです。

学校現場は、忙しいと言われます。確かにそのとおりですが、だからといって一度ですべてを理解していただけることばかりとは限りません。まして人を集めることとなるといわゆる二の矢・三の矢を放つことが必要になります。運動会で地域の人に入退場門を立てていただいたり、万国旗を張っていただいたりすることをお願いした時もそうでした。本当にやっていただけるのか、やっていただけなかったら子どもたちが困りますし、急いで教師が時間をつくっておこなわなければならなくなります。ですから、地域の組織を使って確認をしたことがありました。地域の人もそれぞれに時間をつくっておこなっていただくのですから、どのようなことでも確認が必要です。一度「やってください」とお願いしただけでは当日になって慌てるということになりかねません。

⑥教育内容の変更について知らせない

「お姉ちゃんの時は、図工の陶芸でお茶碗をつくって今でも大事に使っているのですが、弟が今年は同じ学年なんですがどうしてやらないのですか?」

という電話がきたことがありました。カリキュラムが変わって今年から陶芸はおこなわなくなったということがわかっていなかったのです。それはそうでしょう。

学習指導要領が変わる時には、すべての教科で教師は研修を何度もおこなって周知徹底を図りますが、教師でない人は小学校でも英語をおこなうようになったというような、よほど大きな変更でもない限り知らなくて当然でしょう。でも、作品をつくるというような目に見えることでは違いに目がいきます。これまでと違った教育内容を学習する時は、部分的であっても可能な限り全家庭に伝えるとよいでしょう。保護者や地域の人は教育についてはプロではありませんが、子育ての経験などから教師の実践について気になることがあるものです。「昨年と違う。どうして?」と学年が違う家庭であっても情報が少ないと不安になります。学校には意図があって変更したということがわかるようにしておくことは、地域が学校へ寄せる安心感につながります。

2　こんなことをしたら関係がこじれる「禁じ手集」

■地域の人編

①「先生だってPTAの会員なんだから」と活動を強要する

前述の大久保東小学校のパトロールのように、「先生だってPTAの会員なのだから」と同じ活動を求めることがあります。建前はそのとおりなのですが、時間や内容までPTA活動として同じようにおこなうことには無理があります。PTAの目的は、「教師と保護者は立場は違っても子どもの育ちを協力して支えること」にあります。活動を同じくしなければその目的を達成できないという訳ではありません。その後の大久保東小学校のように、「パトロールは保護者に任せて、先生は子どもが楽しくてわかる授業をすることに専念してください。だって、それぞれの立場が違うだけで、子どもの成長のためを思うことは同じでしょう。活動まで同じことをすることが学校と保護者の協力という訳ではないのです」という共通認識ができていったのは、目的をわきまえたきわめて良識的なPTAのあり方ではないかと思います。

②地域講師の流れで、サークルへの勧誘を依頼する

地域でNPO活動などに取り組んでいる人に講師として来ていただいたことがありました。さすがにその道のことに詳しくて、教師だけではこんな授業ができなかっただろうなと思うことが随所にありました。

活動の終了後に、校長室で反省を含めて懇談をしている時に、

「この活動は子どもにとっても良いことなので、ぜひ子ども会員として登録するように子どもたちを誘ってください」

という依頼がありました。確かに、活動内容は良いことだと思いますが、学校から「会員になるように」ということを子どもに呼びかけたら、子どもは混乱します。すでにスポーツ少年団活動や習い事等のさまざまな活動をしている子がたくさんいます。授業でお世話になったこととそのサークルに勧誘することとはまったく別です。

こういう流れになっているとなかなか断りにくいものですが、学校としては断らざるを得ないのです。その上、「せっかく講師をしたのに学校は協力してくれなかった。熱心でない学校だ」と人に話

したりすることもあります。状況を何も知らない人がその話だけを聞いて、「地域に協力的でない学校」と思い込んでしまいかねません。結局、その方には次の年からは依頼しないようになりました。

③地域行事のポスターを子どもに描かせようとする

地域にはさまざまな行事があります。なかには子どもが参加することで盛り上がるものもあります。そこに、「先生が来てくれるともっと盛り上がるし地域の人も喜ぶので……」ということで、言葉は穏やかでもほぼ強制的な参加依頼がくることがあります。

しかし、教師にも休日には休む権利があります。勤務を離れれば、子育てや介護、そのほかさまざまな事情を抱えて私生活を送っているのです。その点に配慮して、このような依頼をしないようにしてほしいと思います。まして、「A先生は協力的でよく出てきてくれるが、B先生は非協力的だ」などと、勤務内容以外のことで評価したりすることもやがて耳に入ってきたりします。そうなると、教師間に不協和音が生まれます。

また、そのような地域行事に対して、

「子どもたちにポスターを描いてほしいのです。自分の地域の祭りですから、子どものためにもなると思うんですよ」

ともっともらしい理由までつけて依頼をされたことがありました。

「みんながしぶるものでね、私が行けば校長先生は理解していただけると思ってお願いに来たのですよ」

と、まるで校長は自分の言いなりになって当然とでも言わんばかりなのでした。

学校ではカリキュラムが決まっていますから、突然のこのような要請を受けるとすれば授業のどこかを変更しなければならなくなります。行事の主旨には賛同できても本当に困るのです。結局、地域の人を学校に入れると見返りを要求されるというような警戒感になって、地域との関係を薄いものにしたいという流れになったりします。そうなっては子どもにとっても損失なのです。断ればその方との関係がこじれるのはわかっていましたが丁重に断りました。

④地域の利害関係をもち込み、教師を味方につけようとする

学校には直接関係なくても、地域にはさまざまな利害関係がつきものです。地域講師としての協力関係が密になってくると、教育以外のことでも話が弾んだりします。しかし、地域の利害関係を学校にもち込むのはまったく別物です。親しくなった教師に対して、自分の味方につけようとして意見を求めてきたりすることもあります。教師はどちらの味方もできません。言い分を聞くだけでもこの場から逃れたくなるものです。しかし、むげに断れないこともあります。そうすると、「あの先生はこっちの味方だ」と言いふらしたりするという非常識な振る舞いをする人がいたりします。

教師には、教員免許という資格がありますが、地域講師は教育的にはどれだけの資質があるかという人物査定の関門を通っているわけではありません。どんな人であっても地域講師として推薦があった時には、学校は特別の理由がない限り断ることができないということを理解した上で、自分の行動を自ら律していただきたいものです。

⑤学校で知り得た情報を外部に漏らす

教師には公務員としての守秘義務があって違反した時には厳しい罰則があります。でも地域講師にはそれがありません。地域講師として子どもとかかわるようになると、親しさのあまり子どもの家庭状況を聞いたり、プライバシーに関係するようなことまで聞いたりしているのではないかと思われる場面に出くわすことがあります。

また地域講師とは校長室や職員室で話をすることがないわけではありません。そこには、時に秘密にしなければならないことが書いてあるかもしれません（たとえば、メモ的に黒板に書いてあることなど）。それらが見るともなく目に入ってきてしまうということもありそうです。そのような秘密事項には厳しく自制していただきたいのですが、いかにも私は学校のことに詳しいのだというような感じで、しかも中途半端な形で親しい人に「あなただけに教えます。あの学校ではね……」というようにこっそり話してしまうということがあったりします。聞いた人は、それが重大事項であるとは考えずに別の人に漏らしてしまったりして、後に学校にも届いてしまうということがありました。言った人も信頼を失うでしょうが、学校としては本当に困ります。漏らさないという良識をもっていただきたいと思いますし、最初に聞いた人がストップをかけてくれるとありがたいです。

■教師編

①授業を地域講師に丸投げする

地域講師の方と、授業が終わった後に校長室で話している時です。

「あの先生は何を考えているのかなあ。わからないよ」

というので詳しく聞いてみると、

「私に何も言わないで全部私に任せているんですよ。こっちはやりやすいといえばやりやすかったけど、これでよかったのかなあとかえって不安になってしまいましたよ」

と言うのでした。

地域の人に講師をお願いする時に、地域の人から不満が出ることのうちで多いのが、いわゆる「丸投げ」です。授業は、教師がするものですが、そのなかの専門的な部分を地域の人に語って（教えて）もらうというのが本来の協働授業のあり方であるにもかかわらず、すべてをお願いしてしまうというのです。

最近の教師は少子化のなかで育ってきている割合が多くなりました。そのために、大勢のなかでもまれながら育つという経験があまりありません。その上、地域講師の方は自分より年齢が上で技能的にも優れていることが多いので「丸投げしてしまったほうが無難だ」と思ってしまいがちなのかもしれません。まして、いわゆる「ひとくせある」といわれるような熟年の方ですと対応に苦慮するということがあります。しかし、これでは地域の人はやりにくくなりますし良い授業にはなりません。教師が授業をコーディネートして、地域の人の出番をきちんとつくるという計画がないままに進んでしまうと、あとで双方に不満が残ることになります。

教師は、授業をはじめとするすべての教育活動に責任をもち、任せっぱなしにしたり、うわべの良好な関係にとらわれて地域講師に何も言わないでいたりすることのないようにしたいものです。教師が主導権をもって授業をおこなうからといって、それは教師のほうが人間的に上にあるということを意味してはいません。むしろ、人生経験の豊かな人との触れ合いは、教師にとってもより人間的に広く、深くなることにつながるチャンスなのであるという謙虚な心で接することが大事です。そのような姿勢で地域講師と交流するという教育活動を心掛けたら、人間力が豊かな教師になることができると思います。それがよりよい子どもを育てることにつながると思います。

②地域の人材探しをいつも地域の人に頼る

私が校長として赴任したばかりの時は、どの学校にも人材バンクがありました。しかし、「誰もが人材だ」と考えるようになってからは、人材バンクを無くしました。そうして、地域講師が必要なことが起こると、親しくしている人に連絡して、「こういう人を探してほしい」とお願いするようにしました。これでほとんどの人は見つかり、地域には人材（その道のプロ）が豊富なんだなあと思っていました。ところがある時に、

「校長先生、何でも地域に頼るけど、地域だって大変なんだよ。わかってる?」

と言われたことがありました。何でも頼めば何とかなると安易に考えていたことに釘を刺されたので

す。その方は、

「プライバシーもあるからそんなに詳しく知らないのが大人の距離感あるつきあいなんだからね。お隣さんだって、どこの会社に勤めているのかさえ知らないし、知ったとしても技術系なのか営業畑なのかなんて知らないよ。そういうなかでも学校から依頼がくると、あっちこっちに連絡して人を見つけているんだからね」

と続けました。そのとおりでしょう。私も、居住地では隣の方が勤務していた会社でどのようなことをしていたか、またどのような技術や得意なことがあるかということはまったく知りません。

またよしんば人が見つかったとしても、今は、高齢になっても仕事をもっている人も増えているので、学校へ来てくれるかどうかも難しいことも多くなっています。ある方は、

「あんまり学校へ行くと周りの目もあるのですよ。それなら地域のことをもっとやってくださいなんて言われるんですよ。だからほどほどにしたいんですよ」

とも言っていました。学校としては、ぜひ地域の専門的な人に授業で協力してほしいと思う場面も少なくないのですが、こういった地域の事情もわかっていないと、地域の方に迷惑をかけることになってしまいます。

3　大人らしい関係ですれ違いを乗り越える

　ここまで私の実践を、３つの小学校の事例として述べてきました。こうして振り返って考えてみると、地域の人が子どもの教育にかかわれば、「わかる」「楽しい」授業の実現が可能ですし、さまざまな学校生活でよいことづくめになると断言できます。しかし、事例で紹介したように、私もはじめの頃は学校と地域の関係づくりを実践した3校ともに、スンナリと進んだわけではありません。学校側のちょっとした態度が地域の人の感情を逆なでしたりして、地域との関係がギクシャクしそうになったことが何度もありましたが、地域の人の大人的な配慮もあって乗り越えることができました。

　教師にとっては、長い間にわたって、学校という場は教師が子どもを教育する場という考えに基づいて教育活動を営んできましたから「地域とともにある学校をつくりましょう」と言われてもなかなかなじめるものではありません。教師自身の子ども時代の経験では、学校とはもっぱら先生に勉強を教えてもらう場だったからです。まして、地域講師はそのような最近の教育情報が教師よりも少ないですから、「本当に先生の代わりをしてもいいのか」ということがよく呑み込めずにいて、協力を求められてもどのようにしたらよいかがわからず不安にもなっていたようでした。いわば、教師も地域講師も手探りの状態で進めなければならなかったのです。

　ここでは、そのようなちょっとした行き違いを乗り越えることができるためには、どのようなことにしっかりと地に足をつけておくべきかということについてまとめてみました。

■まずはお互いを思いやることから

①大変さを理解し合えば「ｗｉｎ・ｗｉｎ」の関係に

前出の大久保東小学校での「腕章を付けてパトロールをする」という事例（62ページ）は、それまでの「教師もＰＴＡ会員なのだから一緒にパトロールをすべきである」という建前を見直して、教師の忙しさに対する配慮が生まれたからだろうと思います。地域の人の認識が「活動は違っても、子どもの成長にかかわるという目的は同じ」というように変わっていったのです。このような地域（ＰＴＡ）の姿勢が、教師から「保護者だってパトロールは大変だから、日常的に腕章をして歩くだけで抑止力になるのではないか」というアイディアが生まれることにつながったのではないかと思います。

また、花火会をするにあたって地域の方が事前に消防署に届け出をしてくれたり、終了後の翌朝にはグランドの燃えさしを拾っていたりしました（71・73ページ）。このように、何でも学校に任せるのではなく、自分たちでできることは自分でするというような自立したものに変わっていったのも同様です。互いの大変さに思いを寄せることを通して、学校と地域がまさに「ｗｉｎ・ｗｉｎ」の関係になったのではないかと思うのです。

②「学校は何にもやってくれない」と責める前に

教師（学校）は行政的な手続きには慣れています。行事の時には行政の担当部署に、どんな書類を提出すればよいかということなどはとくに管理職になれば日常的な業務を通して理解していることです。しかし、それを職務としていない人が、まして初めてPTA役員になったりした場合にはとてもたいへんです。教師もそれはよくわかっています。だからと言って、何でも学校に頼られるとそれは学校の負担増になります。

地域の人にとって学校という場は、よく知っているようでいて実際には中身までよくわかっていないのが現実だろうと思います。だから学校にお願いすることが多くなりますが、その時に学校がいい顔をしないと「学校は何もやってくれない」という不満が募ってしまいます。大久保東小学校の花火会の主催者のように、「たぶんこういうことが必要なのではないか」という大人の知恵を働かせると、やっておいたほうがよいことが見えてきます。消防署へ書類を出すことや、終わった翌朝の花火の燃えさし拾いなどがそれにあたります。

■情報を密に発信し合う

①不都合な情報でも隠さない

私は地域に対して個人情報等を除いて、学校が困っていることも公開してともに対策を考えるようにしました。たとえば、いじめについては保護者や地域の人も関心がありますので、「うちの学校はどうなんですか?」と必ず聞いてくることでしょう。その場合、件数やまだ未解決で指導中のことなどもできる範囲で具体的に話しました。ある父親が、

「そうかあ、なかなか難しい問題ですものね。でも、うちの会社にも隠しておきたいこともあるんですけど、正直に言っていただけたのでこの学校は信頼できますね」と言ってくれた時には、曖昧にして疑心暗鬼になられるよりもかえって良かったと思いました。会社や行政の不祥事でもそうですが、もし言わずにいて後でわかった場合は「なんであの時に言ってくれなかったのか」とかえって信頼を失っただろうと思います。

②教師の良いところを地域の人に「言いふらす」

教師は、良いことをしていても自分からは言い出しにくいものです。また、それが当たり前と思っている人も少なくありません。でも、管理職がPTAの会議の場などで教師ががんばっていることを褒めてやったり、同僚が「それは○○先生がやってくれたことです」などと話したりすることが多いと、学校内は良い関係なのだと地域の人も安心できるものです。

1年生に入学してきたばかりの生活科の授業で、シャボン玉遊びに取り組んだことがあります。教師は、「最近の子はストローでジュースを飲むことはあっても、ストローを吹くという経験をしてない子もいるのではないだろうか。もしせっけん水を飲んでしまったら大変だから安全な液でつくろう」と考えて、あれこれ調べて東京の大きな店まで買いに行ったということがありました。そのことをPTA会議の場で伝えると、入学したての保護者からは、

「この学校の先生は、そこまで考えて教育してくれているのですか」

と安心していただくことができました。するとほかの学年の保護者も、

「この学校の先生はみんなそうですよ。だから安心して任せることができるんですよ」

と付け加えてくださいました。これは一例ですが、教師同士がほかの教師を認めて外へ発信するという機会は数多くはないと思うので、そうした機会を生かすことが学校への信頼感につながると思います。協働して教育活動をするための「ひらかれた学校」というのは、人と人の心がひらかれていることがもっとも重要だと思うのです。

■こまめにコミュニケーションをとる

①地域の人はコミュニケーションを欲している

ボランティアで来た人のなかには、授業の内容以外でも教師と親しくなりたいと思っている人も少なくありません。運動会や学習発表会などに来てくれたりした時にも、姿を見つけたら寄って行って話しかけることがより一層心をひらいてくれることにつながります。教育活動そのものだけではなく、トータルでの学校応援団を増やしていくことが学校と地域が信頼し合って教育活動をしていく上での基本だと思うからです。こうして学校に信頼を寄せてくれている人が増えてくると、いざ困ったことが起きたり講師を探したいという時にも力になってくれたりします。このようになると、とくに人材バンクをつくっておかなくても支障が出ないということになります。

保護者は、学校での子どもの様子が気になっていても授業参観以外では子どもの姿をほとんど見ることができません。いくら「いつでもどうぞ」と言われても、何もない時に自分だけ（あるいは少人数の保護者）で教室へ入っていくことには勇気がいります。子どもが在籍していない地域の人ならばなおさらです。

そのようなことを理解した上で、パソコンのサポーターとしてボランティアで時々学校へ来てくださっていた保護者に授業の様子を話したことがありました。

「先日の国語の授業の時に、お宅のお子さんは主人公の気持ちを深く理解してとても良い意見を言ってましたよ」

と言うと、

「えっ、そうですか。うちでは学校のことはちっとも話さないんですよ」

と言ったあとに、

「うちの子はどちらかというと理数系が好きかと思っていたのですが、国語でもそんなことがあるなんて妻に似たのかなあ」

とうれしそうにおっしゃっていました。その方は、その後もパソコンのことについて一層協力してくださり、PTA会長も快く引き受けてくださいました。

②授業で求められる事前打ち合わせと翌年への引き継ぎ

学校の教育に対して、地域の人に左右されることがあってはならないということは言うまでもありません。しかし準備が不備であると、主客転倒になって地域の人が中心になってしまうということになりかねません。それはわかっていても、教師がいつも万全の態勢で臨むということには無理な面もあります。

地域講師との授業をすることに障壁となることは、教師の負担感です。そのなかでも一番の負担感は打ち合わせ等にかける時間的負担です。教師はたくさんの授業内容を実践しなければなりませんが、地域講師は自分のおこなう授業のことだけを考えていますから、いきおい時間的な気持ちのズレが生じやすいものです。その上担任は、毎年同じ学年を受け持つということはほとんどありませんから、その教材（活動）を初めて教えるということもあります。しかし地域講師は前年度から継続して活動することが多いので、「今年度はこうしたい」と変化をつけたい気持ちもあります。また地域講師にとっては、「子どものために」「失敗なくやりたい」という気持ちも強くありますので詳細な打ち合わせを求めがちです。しかし、教師は子どもがいる時は時間のすべてを子どものために優先しますし、放課後もなかなか時間がとれないので、打ち合わせの時間さえ十分に取りにくい面があります。こうしたことから生じるズレが学校と地域の関係をこじらせかねません。日頃からコミュニケーションをとって良好な関係を築いておくことが大事です。地域講師を受け入れてくれた人は、みな善意が発端です。いわば学校の味方です。そういう人たちを、授業以外のことで、「敵」に回してしまうことは大きな損失だと思うのです。

私の場合は、授業前に教師との打ち合わせ時間が十分にとれないことも少なくなかったので、

・教頭や教務主任が空いている時に、電話でおおまかな内容を説明してから細部は担当の教師と打ち合わせた。
・当日は地域講師には少し早めに学校へ来ていただいて、開始前に校長室でミーティングをして授

業の趣旨を説明した。地域講師は、自分が役割を担う授業について校長が知っているだけでも安心して取り組んでくれる。

・校長もできるだけ授業を参観して活動中に気がついたことをその場で言うようにした。授業中に、打ち合わせたこととのズレを当事者である教師から地域講師に指摘することは難しいため。

・基本的に、1年間の学校教育活動が終わる頃に教師と地域講師との共同反省会をもった。担任が出られない時は教頭や教務主任が代わりに参加して、後で担任に話しておく。反省内容を共有できるので地域講師との関係づくりにつながる。

また、さまざまなズレが起こらないようにということで、年度末には学校内で申し送り事項をメモにして引き継ぐようにしました。これは、形式を決めて記載できるようにしておくとそれほど手間がかかりません。引き継ぎメモを見ると、ゼロから始めるのではないという安心感があります。また、このメモのうち差しさわりのないようなことについては地域講師とも共有できるようにしておきました。教師側が引き継ぐ内容は、

・どの場面で
・誰に（連絡先も含めて）
・準備するもの
・子どもへの事前指導事項
・電話で済むこと

などであり、欄外には「学校側だけで共有しておくこと」も内部資料として引き継ぐようにしました。ここにはたとえば「地域講師の○○さんはこういう性格の一面があるので接し方で配慮すること」なども書いたりしていました。ただし、記載内容が多すぎると負担になったり、また地域講師に対して先入観をもってしまったりすることもあるので事務的なことに絞るほうがよい場合もあります。こうして、打ち合わせを心おきなくおこなうことで互いの立場を知り、不安感はかなり解消できると思います。

第5章

活力ある地域づくりのためにコミュニティに疑似学校を

【自己紹介その4】

■教育支援を島の過疎化対策のモデルに——島根県海士町で

千葉県の教員を退職後は、都内の私立大学で講師を少し務めましたが2年で辞めてしまいました。そして、島根県隠岐郡海士《あま》町の教育委員会に赴任することになりました。人口2500人ほどの島は、過疎化対策としてさまざまな先進的な行政施策を打ち出しており、町おこしの柱として「島前高校魅力化プロジェクト」をはじめとした教育に焦点を当てて取り組もうとしていました。

そこで文部科学省の施策として始まったばかりの「学校支援地域本部」の本部長にしていただきました。これは、地域と学校をつなぐコーディネータのような役割です。文字通り、学校や地域を駆けずり回りました。知り合いも増えて島暮らしにも馴染んできました。島内の学校にも通い、授業もたびたび参観させていただくうちに、若い教師の授業技術を高めたいという思いから指導主事も兼務させていただきました。

次第に当初の学校支援地域本部長の仕事よりも指導主事の仕事のウエートが大きくなりがちでしたが、島に住んでいるという職住接近の生活の良さなのでしょうか、休日などはもっぱら地域を回って地域の人と気楽にかか

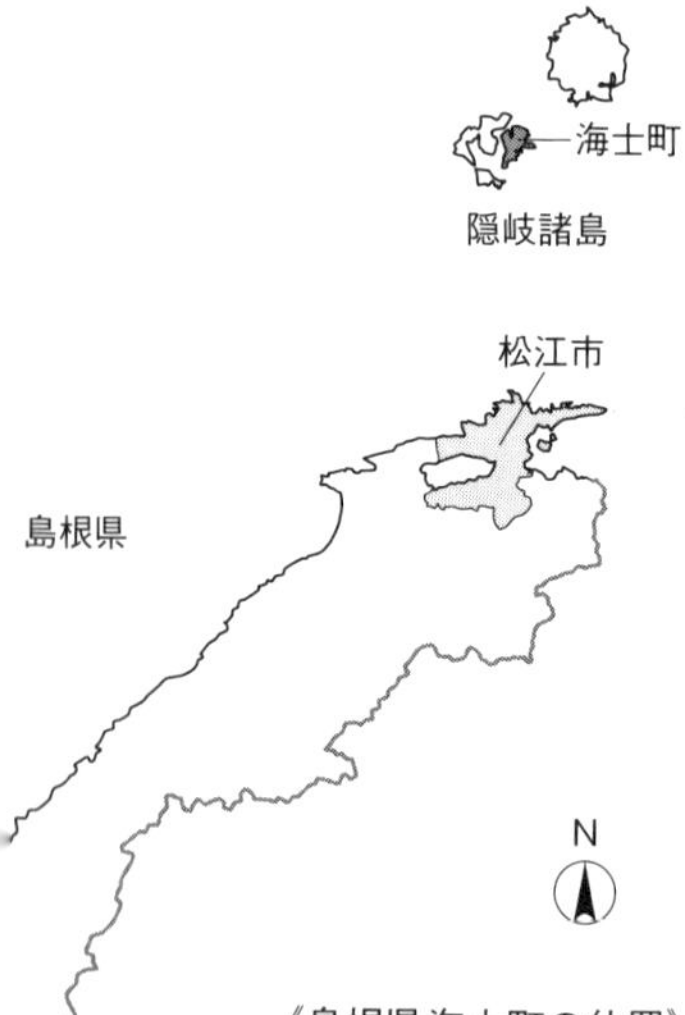

《島根県海士町の位置》

わり、教育支援につながる地域の人探しなどをしながら過ごしていました。こうして「島前高校魅力化プロジェクト」を支えるもう一つの柱として、幼少期から義務教育までの教育の充実が、「子育て島」のネーミングのもとに島おこしの大きな土台として推進されていきました。

■東日本大震災の被災地での協働教育の試み——宮城県女川町で

ところが、海士町での活動が順調に進み始めたかと思えた時、東日本大震災が起こりました。海士町の被害は何もなかったのですが、私の息子家族が福島県で被災してしまいました。はじめは放射能の心配もありましたので、仕事の関係で福島を離れられない本人（私の息子）を除いて、空き家同然になっている千葉県の我が家にしばらく身を寄せていました。しかし、被災のショックと見知らぬ土地での生活への不安から孫たちは精神的に不安定になり、私もそばにいてあげることを決断して海士町を離れることにしました。

孫たちは、被災直後は不安な生活を送っていたようですが、私たちが常時そばにいるようになってからはずいぶん落ち着いてきました。そこで、家のことは妻に任せて私は被災地へボランティアに行くことにしました。「学

《宮城県女川町の位置》

校と地域の融合教育研究会（通称：融合研）」の会員が多い岩手県や宮城県が中心でした。そうこうするうちに、復興庁から「宮城県に定住して復興支援職員として活動してほしい」という依頼がきました。被災地の厳しい現状を見てきていただけに、また千葉から車で通うボランティア生活よりも、海士町の時のように現地に住んで活動をしたほうがより集中できると思い、２０１４年（平成26年）4月から宮城県女川《おながわ》町に勤務することにしました。避難してきた息子家族も、本人が千葉に仕事を替えて孫たちのそばにいるようになり所帯を別に構えるまでに落ち着いてきましたので、安心して再び単身赴任の道を選びました。

女川町でも教育委員会に所属し、震災で心を病んでいる子どもに寄り添う教師の授業補助やアドバイスをしたり、地域へ出て仮設住宅の人たちと交流したりしました。海士町でおこなってきたことと同じようなことですが、海士町の時と違って震災で受けた傷は想像以上で、言葉をかけるだけでも細心の注意が必要でした。こうして過ごした2年間でしたが、女川町では多くの方のさまざまな支援と町民自身のがんばりで町に復興の兆しがみえ、児童・生徒にも少しずつ落ち着きが出てきましたので私は役割を終えることができました。

1　被災地の仮設住宅でもできた「地域まなびや」事業
――宮城県女川町

少子高齢化時代を迎えて、活力のある地域づくりが求められています。学校で地域の多様な人とふれあうことで、子どもは専門領域を深く学べるだけではなく、社会性を身につけることもできます。一方、地域の高齢者にとっては身近な学校で子どもとふれあうことによって生きがいができます。このような多くの事例から、学校は地域づくりにも大きな意義があると認められて、国も積極的にコミュニティ・スクール事業などを推進しています。コミュニティ・スクール事業は、まさに時代が求める救世主と言っても過言でないようにも思います。

私は、自己紹介の欄で述べましたように、海士町や女川町で、学校のもつさまざまな機能を活用した地域づくりのお手伝いをさせていただきました。

ここでは時間は前後しますが、女川町での実践を先に紹介することにします。

■コミュニティと分断された仮設住宅暮らしのなかで

東日本大震災は、未曽有の被害をもたらしました。宮城県牡鹿半島にある漁業の町女川も町の大部分が震災によって大きな被害を受け、とくに沿岸地区は津波によって壊滅的な被害を受けました。被災後、仮設住宅の適地も少なかったことからそれまでの集落と無関係に仮設住宅が建てられ、コミュニティの崩壊も危惧されました。3校あった小学校は1校に統合され、小・中学生のほとんどは仮設住宅と学校をスクールバスで往復する生活を余儀なくされるようになりました。私が復興支援に派遣された平成26年度・27年度も、まだ復興には程遠い状況で、こうした日々はせっかく命を取り留めた人にとっても、これから先どこに生きがいを求めたらよいかと不安であったと思います。

震災前には、女川町でも学校支援地域本部事業がおこなわれていました。内容は、学校によって違いはあるものの、必要に応じて地域講師にゲストになっていただいて、子どもたちと触れ合う協働授業がおこなわれていたようです。しかし、カリキュラムに計画的に位置づけておこなわれていたことは少なく、特定の授業への地域ゲストとしての協力が主で、日常的な協力体制とは言いがたいものだったようです。

そのようななか、町に派遣されてきていた社会教育主事との協働で、主に夏休みを利用して地域に学校のような機能をもつ「地域まなびや」をつくる活動をおこないました。この活動は、地域に活性化をもたらす一助になるとともに、子どもにとっても地域での居場所づくりになりました。被災地に限らず、どの地域でもこのような活動を発展させれば、地域の活性化につながるのではないかと思います。

後に述べる島根県海士町でも感じたことですが、漁業で生計を立てる地域では、収入は漁獲次第という面がありますから、計画的に学校教育に協力することができにくい面があります。養殖業が進んできたとはいえ、海の仕事は繁忙期にはめっぽう忙しく、地域や学校の役員を引き受けると仕事に支障をきたすことから一部の人に限られてしまいがちです。そのために子どものことは学校任せという風潮になり、子どもの成長に対してともにかかわりながら自らの生きがいにしていくということはできにくい面があります。したがって、学校支援地域本部を立ち上げても教育に対して日常的に協力していくという体制も取りにくくなります。まして、震災後は自分の生活も大変な状況でしたから、学校へ協力するというようなことに目がいくことはこれまで以上に難しい状況でした。

しかし、震災によって漁業ができなくなった人たちは、いつでも協力可能な十分な時間をもつことができました。そこで、まず最初の取り組みとして、仮設住宅に住んでいた人たちに女川小学校を拠点にした「女川町学校支援地域本部事業」に協力をしていただくようにしました。

■仮設住宅から学校に通う大人たち

まず津波で潮をかぶった学級園や花壇に植物が育つための土づくりをしました。近隣の石巻市には内陸部の牧場から出る牛糞を肥料として製品化している工場があります。そこへ行き、軽トラックに山盛りになるくらいの量を分けてもらいました。それを耕し、子どもたちがいつ種まきしても大丈夫なようにしました。すると、その様子を見ていた子どもたちが、「ありがとうございます」と、うれしそうにお礼を言うのを聞いて、ある方が、

「おれは、津波で船も家も流され、女房まで亡くしたんだよ。仕事も無くなったので毎日昼間から酒

を飲んでいるだけだったけど、子どもにお礼を言われたんじゃ、ボーッとしていられないよなあ」と言うではありませんか。その方は毎日のように学級園を見回っては、水が不足している畑には水やりを、草が出ている畑では草を抜いたりしていました。ある時は、鹿が作物を食い荒らすというので、津波で使えなくなってしまった漁網をかぶせたりしながら、「毎日、忙しくなってきちゃったよ」と、一緒に活動をしている仲間の人にうれしそうに話していました。

普通の人には用もないのに学校に行くということには抵抗があります。しかし、この人はやることがあるので堂々と行くことができるのです。でも学級園の手入れだけでは、仮設住宅に住む多くの人がそれほど毎日忙しく手伝うというようなわけにはいきません。そこで、次から次へと仕事をつくっては、地域の人に学校に来ていただくようにしました。

4月末には、屋上から校庭にこいのぼりを泳がせました。津波で元気を失っている人たちに見ていただこうということで協力を依頼すると、仮設住宅から多くの人が来てくれました。また、伸び始めた校庭の草刈り作業や、津波でシミのついた教室の壁紙を貼り替えることなどに協力を依頼しました。

このようにして、学校で子どもたちと触れ合って、「畑の先生

潮をかぶった校庭の花壇（畑）に牛糞を入れる学校支援地域本部の人たち

郵 便 は が き

1078668

おそれいります
が切手をはって
お出し下さい

（受取人）
東京都港区
赤坂郵便局
私書箱第十五号

農 文 協
http://www.ruralnet.or.jp/
読者カード係 行

◎ このカードは当会の今後の刊行計画及び、新刊等の案内に役だたせていただきたいと思います。　　はじめての方は○印を（　　）

ご住所		（〒　　－　　） TEL： FAX：
お名前		男・女　　歳
E-mail：		
ご職業	公務員・会社員・自営業・自由業・主婦・農漁業・教職員（大学・短大・高校・中学・小学・他） 研究生・学生・団体職員・その他（　　）	
お勤め先・学校名		日頃ご覧の新聞・雑誌名

※この葉書にお書きいただいた個人情報は、新刊案内や見本誌送付、ご注文品の配送、確認等の連絡のために使用し、その目的以外での利用はいたしません。

● ご感想をインターネット等で紹介させていただく場合がございます。ご了承下さい。

● 送料無料・農文協以外の書籍も注文できる会員制通販書店「田舎の本屋さん」入会募集中！
案内進呈します。　希望□

■毎月抽選で10名様に見本誌を1冊進呈■（ご希望の雑誌名ひとつに○を）

①現代農業　　②季刊 地 域　　③うかたま

お客様コード □□□□□□□□□□

17.12

お買上げの本

■ご購入いただいた書店（　　　　　　　　　　書店）

●本書についてご感想など

●今後の出版物についてのご希望など

この本をお求めの動機	広告を見て（紙・誌名）	書店で見て	書評を見て（紙・誌名）	インターネットを見て	知人・先生のすすめで	図書館で見て

◇ 新規注文書 ◇　　郵送ご希望の場合、送料をご負担いただきます。

購入希望の図書がありましたら、下記へご記入下さい。お支払いはCVS・郵便振替でお願いします。

（書名）	（定価）¥	（部数）　部
（書名）	（定価）¥	（部数）　部

だなんて言われて、毎日楽しくなったよ」という喜びの声も多くの方から聞くうちに、この人たちに子どもの力で元気を与えることができるかもしれないと考えるようになりました。

■仮設の集会所でも、子どもとともに

被災当初は仮設住宅に住んでいた人が、少しずつ「終の棲家」である自前の住居や復興公営住宅に住むようになってきました。本来ならば喜ぶべきことなのに「ここはさびしい。仮設は良かった」と密閉されて声が聞こえなくなったドアを恨めしそうに見ているという声も耳にしました。とくに、マンションに住んだご高齢の人のなかには、せっかく抽選に当たって入居したものの、ものコミュニティの人がほとんどいないために知り合いもなくなってしまうという状況が生じてしまいました。住宅ができただけでは決して幸せになれない、復興は終わっていないということを強く感じました。このことは、子どもの社会でも同様でしたが、子どもには毎日を過ごすことができる学校という空間がありましたので、統合された学校ですぐに友だちをつくれている子も少なくありませんでした。

復興住宅で、知り合いも少ないままの日々を送っている人たちがいるという実態を踏まえた上で、

海を見下ろす高台にある女川小学校。校庭に学校支援地域本部の人がこいのぼりを飾ってくださった

地域の人と子どもが触れ合える場にすることを少しずつ実践し始めたきっかけが「地域まなびや」でした。

学校と地域の協働活動というと、「活動場所は学校」であることが多いものです。これだけでは「地域の子は地域で育てる」とはいっても、学校に足を運べない人はほとんど活動できません。そこで夏休みを利用して、地域の集会所に学習や遊びの場をつくったりラジオ体操では地域の人とともに実施できるようにセットしたりしました。学校へ行くための通学バスも夏休みの間は運休でしたから、地域内に学校の役割を担う場をつくる必要があったのです。

決められた日の早朝に、地域の方が交代で集会所の鍵を開けてくれます。子どもは、決められた時間に来て帰るまで宿題をやったり、遊んだり地域の方と話したりできます。なかには宿題を見てもらったり教えてもらったりしている子もいました。復興支援ボランティアの大学生が来てくれたこともありました。また、学校内の校務分掌でそれぞれに地域担当の教師が決まっていますので、教師が見回りに来てくれたり電話で様子を聞いてきたりすることもありました。

地域では、一年中ラジオ体操をおこなっている高齢者も少なくありません。そこで、学校からの呼びかけで夏休みの間は子どももラジオ体操を同じ場でおこなうようにして、地域の人への挨拶などを通して交流するように指導しました。

この二つとも、なれない大人との触れ合いには子どもたちが戸惑うことも多いと思われましたので、学校で学年の実態に応じて十分指導していただきました。とくに、リーダーとしての活動を要請された上級生には、マニュアルをつくって無理なく活動できるようにもしました。

■子どもにも大人にもこんないいことが

このような活動を通して、子どもたちの学習や教師の負担軽減に寄与しただけではなく、地域の人の生きがい（生涯学習）にも少しずつ成果が出始めています。学校は地域づくりの中核になることができるさまざまな機能がありますが、多くの人が参加できて子どもを身近に感じられるような活動は限られていますし、学校から遠い地域などではなかなか協働ができにくいものです。地域の集会所ならば通うのに時間もかかりません。また、日常生活で子どもと大人が顔を合わせることもあるでしょう。そのような時に活動を通して親しくなった大人と子どもが挨拶などでもかかわることができます。運動会などの学校行事で応援に行った時にも「この子はよく知っているよ」と、新しくできたコミュニティの子であってもはじめから打ち解けている場面もありました。

私自身の復興支援は2年間で終了してしまいましたが、このような活動がうまく機能するならば、子どもと親しくなった大人が近くにいるということで良いことがいろいろと想定できます。

子どもにとっては、
- ・地域でも見守りがあるので、防犯も含めた安心の生活につながる。
- ・異なる年齢集団での遊び体験ができ、大きい子は小さい子の世話をまた小さい子は年上の子の言うことを聞いて動く。

・長い休暇であっても規則正しい生活習慣を身につけながら成長していく。
・知らない大人（高齢者も含めて）とかかわる力が育ち、ほかの人の立場に立つ経験を繰り返して人の思いに気づく。
・自分の考えを友だちに上手に伝えたり相手の話を聞いてあげたりする力も育つ。
・さらには、新しく住むことになった地域であっても、地域に寄り添ったかかわりによって地域への愛着をもつようになったり、大人になった時に地域活動に前向きに参加したりするための練習の場となる。

大人にとっても、

・新しくできたコミュニティでは、地域活動の担い手がすぐには見つからないということを聞きますが、子どもを核にした活動をすることで知り合いができた人たちで、地区コミュニティづくりの一端を担うことにつながる。
・子どもを通して大人同士も互いに顔見知りになって、震災の被害というつらい体験の後の生活をともに乗り越える仲間ができる。

仮設の商店街を生活科の授業で見学する女川小学校の2年生。説明役はなんと私（宮﨑）

といった数多くのメリットが考えられました。

■大人と子どもでおこなう地域の避難訓練

女川小学校では、総合的な学習の時間に「学校以外の場である地域で地震が起こった時の避難訓練」を3～6年生が合同で地域ごとに分かれて実施しました。そこに、それぞれの地域から大人の人にも加わっていただきました。住み慣れた震災前の居住地ではなく、新しく住んでいる仮設住宅などの周辺にはどのような危険が潜んでいるかもしれません。10を超える地区に分かれた小学生と大人は、6年生のリーダーシップのもとに、「もし、今住んでいるところにいた時に地震が起こったらどのように避難したらよいか」というテーマで数回に分けて学習しました。

子どもは、学校にいる時よりもはるかに多くの時間を地域で過ごします。しかし、地域にある避難場所を子どもはあまり知りません。また、万が一の時に使える施設や自分の地区にどのような人がいて、自分でもできそうなことがあるかということについても知りません。大人も、震災で新しくなったコミュニティのなかにどのような子どもがいるかもあまりつかんでいません。この学習は、子どもにとってはもちろんのこと、大人にとっても大きな意義がありました。生活圏である足元をしっかり見つめることは、コミュニティづくりにとても大切なことです。それを災害という視点から子どもと大人が共有し合うことが、震災を教訓として生まれたのです。

今、全国的に学校の統廃合が進められていて、多くの地域から「子どもの声がしないのはさびしい」

と言っている人が増えています。でも、「地域まなびや」や「大人と子どもでおこなう避難訓練」を実施することで、少しでも学校（子ども）を身近に感じられるようになるのではないかと思います。それほど難しいことではないと思いますので、実践する地域が出てくることを期待しています。

＊

女川町では津波によって多くのものが消失しました。それが住民へ与えた影響の大きさは計り知れないものです。しかし、女川町での2年間で強く感じたことは、住民にとってのよりどころは、長い歴史のなかで培われてきたこの地域固有の文化ではないかということでした。津波で失ったとはいえ、まだまだ残っている有形無形の多くの文化がありました。しかし、震災直後は誰も文化に目を向けるどころではないというのが生活の現状でした。そういう実態を離れた立場から客観的に見ることができた私は、今、何とかしなければ女川町の歴史や文化はどんどん消失していってしまうのではないかという危機感をもちました。

幸い、私は指導主事として学校へ授業の指導に赴くことだけではなく、社会教育も担当させていただいておりましたので、地域づくりにもかかわることができました。そこで社会教育を通して子ども

女川小学校の体育館で、地域（仮設住宅）ごとに集まって、地域にいる時に地震があったらどこへ逃げたら安全かを、大人も交えて学習した

だけでなく住民も一緒になって活動しながら地域への愛着を深めていくにはどうしたらよいかという実践をしたのです。それが、「女川町ふるさと検定」の作成でした。

このことが実践できたのは、島根県海士町で勤務した経験が大きかったと思います。女川町に先立って、3年間勤務した海士町は文化の豊かな島でした。しかし、過疎化によって後継者は減少し、また住民自身もあまり歴史や文化を顧みないような風潮になっていました。一方、町を出た人が帰ってくると、子どもの頃から知らず知らずのうちに身についていた町の祭りや神社仏閣等の文化を話題にしていました。人々のそのような姿から、地域に愛着をもつということは地域を知ることが原点ではないかと強く思わざるを得ませんでした。

2 知れば知るほどふるさとが好きになる「ふるさと検定」事業
――島根県海士町

■町からのオファーがあって

私は教師として、地域の人との協働活動によって子どもが多様な人と触れ合いながら社会性を身につけていくという教育を実践してきました。その頃は、融合研の活動も一層活発になって全国各地に会員が増えるとともに、私自身も各地から「秋津の先進事例を紹介してほしい」という要望がくるようになっていました。そして、「秋津の実践を参考にしたらまちづくりにつながった」という声も寄せられて大きな関心を呼んでいました。しかし私の実践の場は、首都圏内の千葉県でも都市部ばかりでした。そこでの実践を紹介したところで、多様な個性どころか人そのものが少ないという過疎地での教育にどれほど役立つのだろうかというジレンマにも陥っていました。学社融合による教育を広めていきたいという熱意がありましたから、講演に伺って一日程度を過ごすだけではなく、せめて数日はその地にとどまってその地の実態に応じたアドバイスができればとも思っておりました。

しかし、なかなかそういう機会には恵まれませんでした。そんな折に島根県隠岐郡海士町の教育委員会から、「まちづくりのために力を貸してくれないだろうか」という依頼がきました。その頃の私は、都内の私立大学で講師を少し務めましたが、学生とは週に一度しか顔を合わせないという勤務にはなじめず、2年で辞めてしまっておりましたから心が動きました。何も知らない土地ですが、私が課題としていたことが実践できるかもしれません。行くかどうか悩んだ末に引き受けることにしました。

今、海士町は過疎化対策の成功例として多くのメディアに取り上げられていますが、私が赴任した2008年（平成20年）は、教育を柱にした施策が成功するかどうかはまだ暗中模索の状態でした。最初は、「教育特区を承認してもらい、宮崎さんには島前高校の校長になってもらう予定だ」という含みでの単身赴任でした。地域とともに進める高校というテーマは願ってもないものでした。そこで校長として学校経営ができることは、これまでの教員生活の集大成になると思い意気込んでいました。しかし、特区の承認はなかなか下りないようでした。そのうちに定年を過ぎた者を校長に迎えることなんて難しいのではないかと思えてきました。

■島のすべての学校に出向いて授業をアドバイス

でも、もう引き返せません。手をこまねいて特区の承認を待ち続けるのではなく、「学校支援地域本部」の本部長にしていただき、学校にもよく顔を出すようになりました。教師は通える地域に住むベテラン教師もいましたが数が少なく、若い人が中心で教員採用試験を目指す臨時教員（講師）も少なくありません。家族と離れて本土（松江市など）から3時間近くかかる島へ単身赴任してくるということは、教師にとっても大変なことですからベテランの数が少ないのは仕方ないことです。そこで、「授業の充実を図りたいので指導主事を兼務させてほしい」と教育委員会にお願いし、了承していただきました。

指導主事は、習志野市で経験済みです。授業中の子どもたちの笑顔に接するのは何よりの楽しみでした。私は、指導主事として島に唯一の幼児教育施設であった保育園、そして二つの小学校と海士中学校、さらには島前高校の5校（園）にお邪魔して、とくに若い教員を中心に授業を見させていただけるようになりました。詳細は省きますが、子どもの笑顔が増え学力も上がってきました。若い先生方から「もっと授業を見に来てほしい」と求められる一方、ベテラン教師からも「若い人ばかりではなく私の授業も見てほしい」というリクエストがきたりするようになりました。

教育委員会も「指導主事がいるとこんなに成果が上がるなら、公費で採用しよう」ということで、厳しい財政のなかから増員を決断して専属の指導主事を採用してくれました。

海士町の「島前高校魅力化プロジェクト」は、マスコミでも再三取り上げられて、高校生の生徒増が町の人口増につながり過疎地活性化のモデルとして紹介されています。また後鳥羽上皇が流刑になった地でもあり、町民の文化に対する意識はほかに類を見ないほど高く、知的レベルも高いものがあると実感していました。しかし、学校支援地域本部長として地域の人とのふれ合いが深くなるにつれて、地域の財産である貴重な文化的遺産に対して関心をもつ人が減ってきているように感じて「これを何とかしたい」という気持ちも高まってきました。

■地域を知ることは地域を愛すること

その頃、小学生が町長に質問する「こども議会」という町の行事で、「町の歴史やすばらしい自然を島内の人はもちろん観光客にも知ってほしいので『ふるさと検定』をやってほしい」という提案がありました。私は、「これだ！」と思い、文化財保存関係の方に「ふるさと検定をして町の文化が少しでも将来につながるようにしたい」と相談をしたところ、多くの方の賛同を得ることができました。

私は、「地域を愛する子を育てるには、まず地域を知ることである」という考えをもっています。文化財を深く研究することも大切ですが、まずはこの町がどのような歴史を経て今があるのかということのきっかけ程度だけでも知っていて、ほかから来た人に聞かれたら少しくらいは話せる子になってほしいと思っていました。そこで、やさしい入門問題をつくることだけに専念しました（その後、上級編もできましたが、まずは「へ～、そうだったんだ」と子どもも大人もわかるようなやさしい問題にしました）。

また、移住者の私は町のどの地区にも顔を出していたのですが、小さな町とはいえそれぞれの自分の地区のことや近隣は知っていても合併前のほかの地区のことはよく知らないという人が多いことに驚いた経験がありました。そこで、ほかの地区のことも知っていてほしいと思って、地区の問題も設定することにしました。

■問題作成に多くの町民が参加

遠く離れた千葉県からの移住者である私が、自分だけで問題をつくることなどできません。そこで、実施までのプロセスを次のように設定しました。

・少しでも関心を持つ人を増やしたいという意味から問題文を子どもから大人までの町民から公募。
・問題作成および掲載の可否を判断する編集委員を公募するとともにすべての文化財保護委員にも加わってもらう。
・地域を大事にすることにつながるよう、全地域の公民館長にも自分の地区のことを問題にして提出してもらう。
・どれだけ正解したかということが大事なのではなく問題を通して町のことを知るという趣旨から、問題文は解説つきの文にして答えやすいように3択とした。

・得点によって合格不合格を決めるのではなく、「○○点以上は、○級」というように級の認定基準を設けた。

こうして、何度かの会議を経て問題文ができあがりました。文化はもちろん、自然や環境にも特徴のある町ですから、できるだけ多くのジャンルから出題するようにしました。また問題を解くためには否応なしに全文を読まなければならないというようにして（漢字にはルビを振り）、問題の背景を知ってもらうようにしました。その代わり答え方は3択として、一つは明らかに違っていて笑えるようなものも入れて親しみやすいようにしたりしました。

・一般編（24題）：誰でもわかるような最近の町の話題を中心にし、また冒頭のページでの出題にして取りかかりやすいようにした。

・地区編（21題）：町は16地区すべてに歴史があるので、日頃目にしているものであってもいわれなどを知らないことやほかの地区の人には知られていないことを出題した。

・歴史・文化編（26題）：この検定のメイン。後鳥羽上皇の

海士町と女川町のふるさと検定の表紙。町によって表紙の雰囲気がかなり違う

こと以外にも町には貴重な歴史があるということをわかってほしくて設問に加えた。

・自然編（13題）：隠岐諸島は本土から離れているので固有種や特徴のある自然が多く、その保護の意味も込めて出題。

・方言編（8題）：方言は生活に直結している。方言を通して生活の歴史も知ってほしいということで設問に加えた。

・平成22年度編（25題）：その年の出来事は記憶にも新しいので解きやすい。と同時に、今の話題を共有してほしいという思いから出題した。

・後鳥羽上皇編（41題）：町の文化の中核をなすもの。町の歴史を忘れないようにということから編集委員全員一致で出題のスペースを多くとった。

▩「久しぶりに受験生みたいに緊張したよ」

検定試験日は、町の一大行事である「産業文化祭」の当日とし、表彰式もその会場でおこなうことで地域のみなさんに関心をもっていただくようにしました。参加応募は、小学生から80歳近い人まであり、どの人も真剣に取り組みました。試験官役の編集委員の人も「やってよかった」という言葉を口々に発してニコニコしながら見守っています。

表彰式は、産業文化祭の閉会式の直前におこないました。「小学生の部」「中学生の部」「一般の部」「高齢者の部」のそれぞれに順位と級がつけられますので、1番になった人にはとくに大きな拍手が会場から起こりました。高齢者の部で優勝した人は、全体でも成績が優秀だったので、ほかの人からは「来年も元気にしていて参加するのよ」とか、「あなたを見習って私も来年は試験を受けてみようかしら」という言葉をかけられていました。

町に静かな波を立てているという実感はありましたが、町の行事の日に実施しましたので注目度は高まる反面、行事の運営にかかわる多くの人が検定試験に参加できなくなってしまいました。そこで、

・試験に参加できなかった人や観光客にも関心をもっていただけるように、すべての問題を冊子にして島の診療所やホテル・民宿・船着き場などにも置いてもらった。

・ふるさと再発見を目的とした「再発見ツアー」を実施し、出題された場所の一部を実際に見て歩いた。

・また、すべての町民に関心をもっていただくため検定問題を増刷して全世帯に一部ずつ配布した。解答もつけたことで、どの家でも気軽に問題を手にして地域のことを身近に感じてもらえるようになった。

※翌年からは、改訂版として一部の問題を修正したり新たな内容を加えたりというようにして常に新しい情報を入れた問題になるようにした。

このふるさと検定は、その後も産業文化祭の日に毎年開催されて、「町の文化を町民が共有するとともに町を愛する心の涵養に役立っている」（町民のある方の言葉）ようです。

＊

海士町でも女川町でも実感したことは、誰もが地域への愛着をもっているのですが、その一方で営々と築いてきた地域文化を引き継ぐ後継者が不足しているという事実でした。また、地域おこし（復興）の基本は、住民自身が地域を知ることと考えていましたので、業務の合間をぬって「ふるさと検定」の問題を作成し、町の事業として実施することにしました。

周囲の人は、町のことを何も知らない私が問題をつくることを心配しましたが、逆にやりやすい面もありました。何しろ何も知らない「よそもの」ですから、文献を調べては地域の主だった人を訪ねるという方法で問題をつくっていったのです。聞かれる側は、よそから来てこの地域のことを知ろうという奇特な人がいるということで、喜んで問題作成に協力してくれました。

コミュニティ・スクール事業とは、学校と地域が子どもを通してともに触れ合いながら学び、それが豊かな町づくりにつながっていくという活動です。しかし学校の授業としておこなわなくても、地域の行事などあらゆる場を使って町の精神的なよりどころである文化などを共有し合うことで、町を愛する土台がしっかりしてくるのではないかと思います。「ふるさと検定」を子どもから大人までが同じように学び合って、それが地域の日常の話題になっているということは、広い意味でのコミュニティ・スクールそのものなのではないかと思います。

第6章

コミュニティ・スクールからスクールコミュニティへ

ここまで千葉県習志野市の3校と宮城県女川町、島根県海士町での実践を見てきましたが、そこでのポイントを振り返ってみることにします。

1 学校と地域が良い関係になるためのポイント

■まちづくりの秘訣は多頭制にあり

女川町では学校支援地域本部事業で学校にかかわった人が生き生きとして地域活動にも参加しているようです。海士町では、「ふるさと検定」で文化的なことにも詳しいということが地域に知られてから、一目置かれるようになった人がいるとも聞きました。

地域には、地域ボスと陰口をたたかれるような人がいたりします。何でも「オレの目の黒いうちは……」とどんなことにも口を出してきたりします。しかし、学校や地域の文化活動を通して子どもとかかわる活動が多くなってくると、ボスと言われる人が口出しできないことが増えてきます。教育や文化にかかわっているということは、ある意味で神聖なことですから人は一目置くということにもなります。たとえばボスには手の届かないようなパソコンやスポーツ・文化活動など専門的なことで指導に加わる人は、地域でもそれなりのポストに抜擢されたり助言を求められたりすることが増えてきます。

そういう人が増えてくると、一部の人が握っていた地域づくりについても多くの人の意見が反映されるようになります。こうなることは地域にとってもよいことです。教育には教科も多くありますし、課外活動的なことや安全に関することなどさまざまな分野で地域の人が活躍できる場面があります。「多頭制」とは、それぞれにリーダー（頭：トップのこと）が出てくるようになることであり、民主的なまちづくりの可能性を秘めていることなのではないかと思います。

■パッチワークと点描画で地域づくりを

自治会によっては、自治会費などの補助のもとにバスを使ったりして親睦を兼ねた旅行をしているところもあるようです。しかし、体調の都合ではじめから参加をあきらめざるを得ない人もいます。このような人には、気持ち程度ですが土産を買ってきてあげているというところもあるようです。参加はできなくても、地域をつくる同じ仲間として対応しているからだろうと思います。地域の組織から落ちてしまう人をつくり出したままで、「コミュニティです」と言うのではなく、地域を構成するどんな人も漏らさずに仲間に入れていくという大きな対応が地域づくりとしては大事ではないかと思います。

地域づくりにはネットワークが大切であるということを聞きます。でも私は、たとえになりますが、ネットワークよりもパッチワークが大事であると思っています。ネット（網）でつないでいく地域では、網の目から漏れてしまう人も出てきます。しかし「パッチワーク」ならば、布で作成しますから網目からこぼれることはなくすべての人をすくいとることができます。

また、地域には、多彩な人がいます。大久保東小学校で、ヤキイモ会の時に「子どもにサンマが焼けるところを見せてあげたい」と七輪とサンマを持ってきて喜ばれた人がいました。そういう人はともすると「計画にないことをする自分勝手な人だ」と排除されてしまいがちですが、その人にもその人なりに子どものことを思ってやっているという論理があります。そういう人がいるお陰で活動がより面白くなったりします。これもたとえのようになりますが、点描画では、色の一点一点が存在感をもって絵を構成するための大事な要素です。地域づくりも筆で一色に塗りつぶすような画一的な手法ではなく、それぞれの色（個性）を生かしていくことによってよりよい地域になっていくと思います。

■教師を委縮させない

学校で教師が何を考え、どんな教育活動がおこなわれているのかということがよくわからないと、保護者や地域の人は少ない情報で学校を判断（評価）しなければなりません。しかし学校をひらいていくと、それまでは見えにくかったことも見えてきます。

ある時、廊下に張り出されていた子どもの作品評価（教師のコメント）に誤字がありました。教師が書いた内容そのものはとても温かいものだったのですが、誤字があったというだけで教師の全人格まで否定されかねません。しかしそれを見つけた保護者の方が、教頭に耳打ちして教えてくれたのです。こういうケースで直接教師本人に言うと角が立ちますし、教師に非があるわけですから委縮してしまうかもしれません。その方は、

「教頭先生から、それとなく言ってあげてくださいね」と言い残して立ち去りました。そして教頭は、自分で気づいたかのようにワンクッション置いて指導してくれたのです。

教師は、教育のプロです。しかしプロだからといって完璧ではありません。不得意な分野もありますし、人間的に未熟な面もあります。それでも教材研究をして万全に近い状態で子どもに接しようとしているのです。教師が努力さえすれば失敗は許されると言いたいのではありませんが、教師は失敗を指摘されてしまうと委縮してしまうことにつながりかねません。まして強い言葉で言われたり、教師ではない人から直接指摘されたりすると、地域講師との協働授業に消極的になったりします。これでは本末転倒だと思います。経験の浅い教師も増えてきています。地域の人が、長い目で教師を育てるという気持ちで接し、別の面の良さを評価していただけると教師も一層やる気になると思います。

■タブーなく何でも話し合える信頼関係をつくる

学校の教育活動は、学校が責任をもっておこなうものです。何か問題が起こったとしたら全責任を学校が受け止めなければなりません。とくに、地域講師との授業の時にそのようなことがあると、地域から学校は責められることがあります。それを恐れて、学校としてはできるだけ地域とかかわらないようにしたいという気持ちも起こりがちです。

しかし、地域講師との教育活動は明らかに子どもにとって効果があるものです。それが縮小していくことは、子どもを不幸にしてしまいます。ミスを理由に学校が閉ざされて、地域の人が子どもとかかわれないということにつながってしまっては元も子もありません。

それを防ぐために私は、地域講師の人との信頼関係を築く基本として、「タブーなく何でも話し合う」ようにしました。地域の協力的な人とも何度も話し合い、このようにしていきたいということを理解していただきました。それは、

・会議などの場では何でも言ってよいことにする。

・会議が終わってから、「本当はこう思っていた」というようなことは取り合わない。

ということです。

ある時に、教師も含めた多くの人の前で私と地域講師がやり合っているのを実際に見た人から、

「あの二人は仲が良いと思っていたけど、言い合うなんて驚いた」

と言われたことがありました。しかし、

「本当に信頼し合っているということがよくわかりました」

と言う人もいました。また、教師からは、

「校長は、譲れないことはハッキリ言ってくれるので頼もしかった」

「なんでも地域を気にしながら活動しないといけないのかと思っていたが、おもねることはないということがハッキリわかった」

というような声がありました。

大人らしい対応というのは、言いたいことも我慢してその場を取り繕うということではなく、「子どものためになることはどうすることか」ということを基軸に毅然とした対応をとることだろうと思います。

■地域の人同士で明るく啓発し合う

秋津小学校の陶芸クラブを指導していた人が、

「私は公民館でも大人に陶芸を指導しているのですが、公民館にはきちんと道具がそろっていますが、学校には何もなくて子どもがかわいそうです。もっと道具をそろえてあげてほしい」

と言ってきた時のことです。その話を前年から指導に来てくれていた人が聞くなり、「私も昨年はそう思いましたよ。でも、子どもって違うんだなあということを感じています。たとえばヘラがなければないなりに鉛筆や定規を出して工夫しているんですよ。道具をそろえなくても工夫することを学んでいるという意味で、このままでいいと思っています。私も学びましたよ」

と言いました。するとそれを聞いて最初の人は、

「そうなのかあ、私はまだ〝子ども菌〟に感染していないんだな。あっ、はっ、はっ」

と笑ったのです。道具をそろえるのには予算もかかりますので、私がそのことを言い訳しようかと思っている時に的確なやりとりが地域講師同士であったのです。

地域講師が学校へくることが多くなればなるほど、「これはどうなのか?」と学校へはさまざまな

ことがもち込まれます。学校としては丁寧な対応をしたいと思っていても、そうとばかりはいかないことがあります。ことに予算を伴いそうなことでは学校が逃げ腰だと思われかねません。学校からは言いにくいことであっても地域の人同士で解決していただけるとたいへんありがたいものです。このように「タブーなく何でも話せる」という関係が地域の人同士にも生まれると、この例のように地域講師同士で気軽に情報交換ができるようになってきます。そして、その話のなかから「学校に聞くまでもないことだった」と納得してくれることも少なくないと思います。こうして「学校対地域」というような対立的な二者の関係ではなくなってくると穏やかに物事が進むと思います。

■「私も成長したなあ」と笑って言ってくれる地域に

私は、地域の人とともに教育活動をすることは、子どもにとっての教育的な意義だけではなく、まちづくりにもつながる大きな意義があるということを実感してきました。秋津小学校でこのような学校経営をするようになってからは、それまでは毎年数人いた不登校児童も、2年目からゼロになり、それが退職の年まで続きました(私の退職後もしばらくゼロが続いていたと聞いています)。もちろん、地域の人とかかわるようになったということだけが理由ではないと思います。でも、それまでも教師や各関係者の努力は相当続けられていたのに、なかなかゼロにならなかったのが、一挙に無くなったということから考えるとあながち無関係ではないのではないかと思います。良い教育を通して子どもが充実した学校生活を送ることができるようになってほしいというのはすべての大人の願いでもありますからうれしいことです。

また、秋津小学校のクラブ活動に来ていた大人が、「こちらのほうこそ『ありがとう』と言いたいです」と言っていたように、学校を地域にひらいて子どもを核にした教育活動をすることは、大人にとっての生きがいやコミュニティづくりのきっかけになるという点でも大いに意義があると強く感じています。

紆余曲折はありましたが、それまでは、教師のすることにいろいろと批判したり、要望（クレーム）をつけたりしてきた保護者や地域の人も教師と同じ土俵に立つようになりました。また、保護者に対して尊大であったり敬遠したりしてきた教師も、謙虚な気持ちで耳を傾けるようになりました。

地域の人からは、「子どもってすごいなあって思いましたよ」という声をよく聞くことがありました。また、「子どもに先生と言われて、すごくうれしくなりましたよ」等々、学校で子どもとかかわることは、地域講師にとってもうれしいことで、新しい自己発見につながったりします。教えながら学ぶということは大人の生涯学習でもあるのだろうと感じます。こう考えると、学校での教育活動の成果は子どもだけにあるのではなく地域講師にもあるのではないかと思えてきます。そういう活動を通して学校が良くなり、それが子どものより良い成長につながり、また地域で互いに生活し合うことの喜びに結びつけていければ、教育を通した地域づくりという大きな目的にもつながっていくのだろうと考えます。

そうは言っても、学校から地域の人にボランティアをお願いする時に、教師は内心では「引き受けてくれるだろうか」「今年もいいよと言ってくれるだろうか」ということを気にかけていますが、上から目線で「大人の生涯学習にもなりますから参加してください」というように言うことはできません。ですから、前述の陶芸クラブの人が、「私も子どもから学びました」とか「私はまだ子ども菌に感染していないんだな」と笑って、自分のためにもなっているのだからと受け止めてくださったような対応を地域の人からしていただけると依頼がしやすいと思います。

column

「子どもコミュニティ」がなくなった

私が育った子ども時代は、兄弟姉妹も多い上に祖父母と同居するなど大家族が多かったものです。また、地域には年齢を越えて遊ぶ習慣があって、ガキ大将と言われる上級生のもとに暗くなるまで外で遊んでいるという毎日でした。下級生は上級生の言うことを聞かないと叱られたりする一方で、ほかの集落の子にいじめられたりすると上級生が守ってくれるというようなこともありました。遊びの人数が足りなければ、たとえば野球をする時は三角ベースにしたり、小さい子でも「みそっかす」という名称をつけてやさしく打ちやすいボールを投げたりしていました。子どもなりのルールのもとに、仲間として受け入れて集落は子どもの社会としてまとまっていたのです。このように子どもには子どもの社会（私はこれを「子どもコミュニティ」と呼んでいます）があったのです。大人になるにつれて、職場や地域活動での人間関係をつくっていく時に感じたことは、大人社会での原点は子ども時代の「子どもコミュニティ」で培われたことがとても多いということでした。

子どもの社会性の育成には家庭や地域のありかたが重要な意味をもっています。しかし現代の家庭は少子化が進んで、三世代同居という家庭も数少なくなっています。そのために兄弟姉妹とのかかわり合いや、高齢者（祖父・祖母）との触れ合いも少なくなっています。また、少人数や一人でも遊ぶことができるゲームが発達して、組織化されたスポーツクラブに入って活動することを除くと、異年齢集団で遊ぶことも少なくなっています。このような日々の生活の変化は、人の痛みや人への配慮がわかる力が身につかないままに体だけが大きくなっていくということにつながりかねません。

いま、子どものコミュニティが崩壊している（あるいはその前兆にある）と言われている地域は少なくありません。子どもコミュニティの構築は地域の課題ではありますが、地域だけでできることではありません。学校も行事などでは意図的に異年齢集団をつくって活動させたりして、「子どもコミュニティづくりの一助をおこなっていますが十分とは言えません。これからは、学校との共同で互いのもつ力を出し合って、大人の知恵で子どもコミュニティの構築につながるような活動も担っていく必要があると考えます。

2 これからのコミュニティ・スクールはこうありたい

■ひと握りの大人がかかわるだけでは

多くの学校で、学校と地域が協働して教育をおこなうようになってきました。コミュニティ・スクールとして文部科学省から認定されている学校も多くなり、なかには自治体の施策としてすべての学校を認定しているところも出てきています。それだけ有効な施策であるということが多くの人から認知されてきているのだろうと思います。スタートしてからの年月に差こそありますが、二十数年前に秋津小学校で始めた時と同じように、子どもにも、そこにかかわっている大人にも笑顔が見られるのはうれしい限りです。

同時に、多くの学校で「これから地域と学校の協働をさらに発展させていくにはどのようにしたらよいか」と悩んでいるとも聞きます。もちろん、「これがコミュニティ・スクールだ」というような同じ答えはありませんし、地域の実情に応じて工夫していくべきだろうと思います。コミュニティ・スクールに認定されている学校とはいっても、その学区住民の総数からすればほんのひと握りの大人とかかわっているだけというのが多くの実態です。地域講師として学校に来た人の延べ人数からいけばかなりの数であったとしても、一人の講師についてみれば子どもと触れ合っている時間はその人の生活のほんの少しだけでしょう。学校と連携することが地域づくりにつながるとはいわれても、「学校に縁もゆかりもない」人からすれば、信じきれない面もあると思います。その反面、地域の多くの人が多くの時間を学校で過ごすということになると、これもまた学校としては問題です。教室も校庭も大人で溢れかえってしまいます。

では、「多くの人が」「多くの時間を」学校とかかわり、それが「地域づくり」に発展するようにするにはどのようにしたらよいでしょうか。私は、多くの学校の実践の様子と自分の実践してきたことを比べながら、次のことがこれからのコミュニティ・スクールとして進んでいく一つの道ではないかと感じています。

■校区全体が活動の場

大久保東小学校のパトロールでわざわざ当番が巡回しなくても保護者や地域の人が家を出る時にはいつも腕章を付けているだけで防犯に役立つという事例でもわかるように（62ページ）、学校という場へ来ていただくだけがコミュニティ・スクールの実践ではないと思います。

家を出る時には腕章を付けて学区を歩く。自転車に乗る時には、「パトロール中」という札を付けて走る。パトロールをしているという実感がなくても、そこには子どものことを考えているのだという意識が必ずついてきます。みんなが活動に参加しているにもかかわらず学校が地域の人で満杯になるわけではないので学校は困りません。それでいて子どものことを考えているコミュニティであるという共通意識の醸成に結びついています。

■朝9時から夜9時まで学校を開放する

秋津小学校では、児童減のためにあまり使われなくなった教室を「コミュニティルーム」と銘打って、朝9時から夜9時まで地域に開放しています。カギの管理等も地域に任せていますので、教師が遅くまで残って部屋のカギを閉めてから帰宅するというようなこともありません。地域の大人を信頼して開放し自主管理していただいています。

大人は、ここでサークル活動をしたり会議をしたりしています。私が校長をしていた時代（平成8年～10年）は、26の登録組織があって年間延べ1万2000人が活動をしていました。ここは大人のサークル活動の場ということになっていますが、休憩時間や昼休みなどに子どもが参観することは自由でしたし、時には一緒に少しだけ活動させていただくこともありました。大人は、子どもが来てくれるのがうれしいらしく、大正琴サークルの方は、

「そろそろ給食を食べ終わる時間だから、準備しておきましょう」

などと言いながら、子どもとの活動を楽しみに待っていました。ここでの触れ合いは、カリキュラムには設定されていませんので授業としてカウントされるわけではありません。また、地域講師の授業支援者数にもカウントされません。でも私は、授業同様にまた時には授業以上にコミュニティ・スクールの目的に合致しているだろうと思います。

■それぞれの生活リズムを崩さずに学校とかかわれるように

「コミュニティ・スクール」や「授業支援」という言葉が前面に出すぎると、授業日に学校へ来られない大人は参加できないことになってしまいます。「この曜日なら」とか「この時間なら」ということで、生活を調整して協力できる体制をとっている人も少なくないはずです。鷺沼小学校の「陶芸教室やフラワーアレンジメント講座」は、授業が終わった後の放課後でしたし(86ページ)、大久保東小学校の「花火会」や「ヤキイモ会」(74ページ)、また女川町の「地域まなびや」(135ページ)は、授業の無い休日でした。

そこには、コミュニティの人が子どもの成長の手助けをしたいという意識があるからできるのだと思います。学校のある日の授業でのかかわりだけがコミュニティ・スクールなのではなく、大人のいろいろな生活に対応したかかわり方があることが、コミュニティで子どもを育てることにつながるのだと思います。

■地域まるごと応援団に

こう考えてくると、学校という場でおこなうことだけが地域との協働というのではなく、地域のできるだけ多くの人が自分の都合に合わせてアイディアを出しながら、できるだけ多くの場で子どもにかかわるということが、本当の意味での協働と思えてきます。

聞いた話ですが、秋津小学校のコミュニティルームで夜間にバンドのサークルメンバーと練習していた高校生がいました。練習の合間に大人サークルの人と話していました。

「おじさん、おれのこと知っている?」

「知ってるよ。あんた、小学生の時に運動会のリレーの選手だっただろう」

「えっ、そんなことも知ってるんだ」

うれしそうにしていた彼は、少し間をおいて、

「おれ、高校卒業したら車の整備関係の仕事をしたいと思っているんです」

「いいんじゃない。今は車社会だし」

「でも、うちのおやじは免許ももってないし、車のことは全然相談にならないんですよ。おじさんたちのなかに車のことが詳しい人いますか?」

と言いました。すると、

「ああ、あそこの青いシャツ着た人は詳しいと思うよ」

と言うと、青いシャツの人の所へ行き同じことを説明しました。

「ああ、そうか。それじゃあ危険物や廃油の廃棄処分の資格なんかも取っておくといいよ。しっかり勉強しなよ」

というような会話をしたそうです。

　子どもはいずれは卒業します。教師も転勤します。しかし、地域の人はほとんどその地域に残ることでしょう。少子化・核家族化の時代ですから、このように卒業した後の中高生にとっても小学校時

代に知り合った地域の大人がある意味で親代わりになって、親にはできないことでも相談できるということは何とすばらしいことでしょうか。

子どもの成長に何らかの形でかかわっている人はどなたも笑顔になります。それは子どもの成長が自分にとっても喜びだからなのでしょう。そうして、そこで知り合った人との活動で地域生活が充実してくるということは、個人としての生涯学習を越えて、地域づくりにもつながります。今、大人のひきこもりが社会問題化してきていますが、若いうちから仕事関係とは違った知り合いが身近にできるということは、大人にとっても将来への不安が減少することになると思います。

このようにして、地域が学校の「まるごと応援団」のようになってくると、学校のためだけというよりも地域のためになるといえます。私は、子どもを核にして地域づくりがおこなわれているというこのような関係を「スクールコミュニティ」と言っているのです。

次にこのような考えのもとに、私の知る限りの狭い事例からではありますが、「この地域はスクールコミュニティといってもよいのではないか」あるいは、「スクールコミュニティの方向に向かっているのではないか」と思えるところを、当事者には何の断りもないのですが紹介したいと思います。ただ私の目で見てきたときと今では情況が違っているかもしれません。さらに進んでいるとうれしいのですが。

3　スクールコミュニティが実現している地区

たくさんの事例で秋津地区と小学校の関係を紹介してきましたが、この地区にはスクールがあることでコミュニティが充実してまちづくりにもなっていると思える事例がたくさんあります。そのなかから、まさに丸ごとのスクールコミュニティそのものといってよいものを紹介します。

■「秋津では学校が鎮守様だ」

東京湾を埋め立ててできた町「秋津」。そこには古くからの神社やお寺はありませんが、地域の人は入居が始まって間もない頃から、自分たちの町の祭りとして秋の二日間をフルに使って盛大な「秋津まつり」をおこなってきました。メイン会場は秋津小学校校庭ですが、バスの行き来もストップしていますのでバス通りは歩行者天国です。その両側の歩道には業者を一切入れないで住民だけの手づくりの屋台がひしめき合うほどに立ち並びます。

終了後には、実行委員になった人たちを中心として反省会がおこなわれます。学校の管理責任者として私も参加しました。私の出番で感想を求められました。私は、開口一番、

「古い街には神社やお寺があって、その鎮守様の祭りとしてお祭りがおこなわれるところがありますが新しい街の秋津には鎮守様と言われるものはありません。でも……」

と言いかけたところで、会場から
「何言ってるんだ。秋津では学校が鎮守様だよ」

という声がかかりました。私は、

「えっ」

と言ったきり言葉を失いました。会場からは、

「そうだよなあ、学校は鎮守様みたいなもんだものなあ」

とか、

「今じゃ、鎮守様よりもっとなくてはならないところじゃないかなあ」

という声も聞こえました。私は、うれしくなってその後何の話をしたのか覚えていないほどでした。

■不審者も入ってこられないほど大人が多い

大阪で学校に刃物を持った不審者が侵入して大きな被害になった事件がありました。その頃は、全国各地で不審者によって子どもが被害に遭ったり未遂事件が起きたりということが頻発していました。多くの学校では、教員の防犯研修をしたり防具をそろえたりしました。また防犯カメラを設置したり、校門を閉じて用事の無い人が入れないようにしたり、パトロールを強化したりという対策がとられるようになりました。

校庭や校舎まで地域に開放している秋津小学校では、どのような対策が必要なのかということを真

剣に考えなくてはならなくなりました。教員は、教育委員会から指示された市内同一の対策を当面はおこなうことにしましたが、地域の人の意見が必要です。かしこまって堅い表情で私は地域の主だった人に意見を聞いてみることにしました。すると異口同音に、

「秋津は大丈夫じゃないの」

という答え。

「そうだよ。これだけ年中大人が居たら、学校には入ってきにくいと思うよ」

「見知らぬ人にだって、挨拶したり声をかけちゃったりする人が多いから犯人は逃げていくと思うよ」

と、のんきに構えているのです。

平日といい休日といい、昼間といい夜間といい、秋津小学校には大人が溢れています。確信犯が犯罪を起こすことはできそうもありません。

■「おやじの畑」では虫も育てる

児童数が減って学級減になりました。当然、学級園（花壇）にも空きが出てしまい、雑草がはびこるようになっていました。そこで、地域の人に畑として開放していました。当初は「おやじの畑」と銘打って、保護者の父親や地域の男性が野菜などをつくっていました。ある時、見学をしていた私は、

「なあんだ、せっかく貸してあげているのにキャベツが虫に食われて穴だらけじゃないか。消毒をしていないんじゃないの」

と半ば責めるような口調で言いました。すると、

「校長はわかっていないなあ。ここは学校だよ」

という返事が返ってきました。当たり前です。何を言っているのかと思っていると、

「穴の開いてないキャベツが欲しければ八百屋で買いますよ。子どものなかには虫が好きな子もいて、よく来るんですよ。こうしておくと虫が卵を産んだりするからね」

と続けました。「やられたあ。そこまで子どものことを考えてくれていたのか」と、私はうれしくなりました。学校の一部を貸すということは、こういう効果も生み出して、まさに「ともに子どもを育てる地域」になっているのだなあと感心しました。

■子どもが店主になる「秋津っ子バザー」

秋津まつりを見て歩いていた時のことです。確かに盛大で顔見知りの保護者や地域の人が屋台を出して大声で、

「買った、買ったあ～」

と呼び込みをしていました。祭りが終わった後に私は地域の人に、

「子どもは小遣いを出して買い食いをするだけで、子どもの店はなかったですねえ。何か子どもが主役になれるようなことはできませんかねえ」

と、苦情めいて言いました。地域の人は、いっしゅん面白くないというような顔をしましたが、すぐ

に真顔になって考えているようでした。

翌年の秋津まつりでは、何と子どものための店「秋津っ子バザー」が店開きをしていました。何人もの子が店主となってオモチャが売られていました。聞くと、
・子どものいる家庭にビラを配布する。
・事前に申し込みの受付をする。
・家にあるものでいらなくなったもの（小さい時に使ったもので今は使わなくて部屋で邪魔になっているようなもの）に限る。
・段ボールひと箱分だけを売る。
・値段はすべて１００円以下にする。
という約束のもとに、店を出してよいという許可制で参加者を募ったのだそうです。

しかも、売り上げの10パーセントは管理者の大人に渡すというまるで場所代をせしめるようなことまでしたのでした（この場所代は、阪神淡路大震災の被災地へ寄付として送りました。その後、お礼の手紙が管理者のところへきた時には、子どもたちにも、「10パーセントはこのように使われて喜ばれましたよ」と報告をしました）。

「子どもがオモチャ箱を整理するのにも役立っただろうし、まだ使えるものが安く手に入って喜んでいた小さい子もいたよねえ」

と、この秋津っ子バザーの試みが成功だったことを実感して、それからも毎年実行しています。

秋津地域では、学校のカリキュラムではおこなわないようなことを、教師とは違った側面から子ども育ちとして受け持って活動しているのです。そうして、学校や子どもがいる（スクール）ことによって、地域（コミュニティ）も大人としての役割を実感しているのだろうと思います。

＊

4　スクールコミュニティの方向に進んでいる地区

■放課後に校庭で遊ばせ地域が見守る大久保東小学校地区

事例でも紹介しましたが、学校のことを保護者だけではなく地域のみなさんで見守ろうという風潮が生まれてきています。その例は、「腕章を付けて子どもを守る」という一連の活動になって表われています。また、ヤキイモ会での「まき割りの経験もないだろうからやらせてあげよう」という活動や「サンマを焼くところを見せてあげよう」というような、何でも子どものためになるのならばという「子どもファースト」が根底になって行動するということにも表われていると思います。

そういう行動のなかにも、大人としての「自分らしさ」を忘れない姿があって、花火会の届け出を学校に任せるのではなく自分たちで消防署に提出したり、翌朝早く校庭に来て燃えさしを拾って歩いたりというような姿は、学校（スクール）があることによって、自分たち大人も配慮ができる一人として、まち（コミュニティ）づくりに参加している喜びにもなっているように思います。

大久保東小学校のもう一つの事例として紹介したいことは、「放課後の校庭遊び」についてです。紹介しましたように、駅に近い繁華街にある学校でしたから遊び場も少なく危険がいろいろと潜んでいました。その頃は多くの学校が「下校したら校門を閉めて子どもは学校へ来てはいけない」という規則になっていました。

しかし大久保東小学校では、逆に「放課後は地域で一番広くて安全な場所は校庭なのだから、学習道具は外に置いたまま校庭で遊びなさい」という決まりにしたのです。教員には一切の負担がかからないようにして、保護者や地域の方が交代で子どもの見守りをしました。救急箱も用意して、ケガをしたら学校の保健室へ行くのではなく簡単なものはその救急箱にあるもので治療してもらうようにしました。つまり、遊び場として校庭を借りてはいるものの公園と同じような広場の感覚で自分の責任で対処するというような約束で運営したのです。

ただ、習い事などをしている子は下校後に早く帰らなければならないのに、それを忘れて夢中で校庭で遊んでいるということがありました。そのため家庭から学校へ電話が来て教員が対応するということがあってから、保護者が了解しているという力ードを提出した子だけが校庭で遊ぶことができるという仕組みをつくりました。こうして保護者も安心して、広くて慣れた校庭で存分に遊んでいる子どもたちの姿が見られるようになりました。パトロールや腕章で子どもの安全を見守るということは大事ですが、遊び場として一番適している校庭が使えるシステムを保護者と地域の知恵でつくり出したのです。しかも教師には負担がかかりませんから、ここでも学校からの異存はありませんでした。

■「地域まなびや」「避難訓練や防災の授業」で先をいく女川町

女川町はまだまだスクールコミュニティになっていくかどうかは微妙という段階だろうと思います。「地域まなびや」は始まったばかりですし、夏休みだけのことです。ボランティアでかかわってくれていた大学生も、震災から日がたつにつれて減少して地域の人だけで運営することにもなりました。さらに、復興住宅に住むようになった人たちが震災前に住んでいた地域のようなコミュニケーションがとれるようになるのには時間もかかるでしょう。

しかし、「地域まなびや」と「避難訓練や防災の授業」を地域の人と共有することや学校支援地域本部事業が発展していくことを想定すると、十分にスクールコミュニティになっていける素地はあると思います。このような被災した地域こそ学校を一つの拠りどころとしてまちづくりに生かしていくことが重要なのではないかと思います。

■公民館が学校の役割を担う厚木市森の里地区

私のかかわった実践ではないのでここまで紹介しませんでしたが、今注目されている地域が神奈川県厚木市の森の里地区です。スクールコミュニティというと「学校」だけが実践の場のように考えられがちですが、ここでは公民館が学校のような役割を果たして地域づくりの核になっているのです。

公民館は社会教育施設ですから、大人を対象とした講座をおこなうことが業務の大半というところが多いものです。いわゆる待ちの姿勢です。ところがこの森の里公民館では積極的に地域に出ていき、地域と子どもや地域と大人をつなぐということをおこなっているのです。その活動はまちの人々をつなぐとともに、地域での生活に潤いをもたらしています。公民館は学校ではありません。しかし、公民館での「学」が地域という「社」を見事に結びつけて、学校との融合授業にまで発展していくという、これまでにはあまり見なかった実践がゆるやかにおこなわれています。

①被災地へのバス見学や支援を地域で計画して実行する

東日本大震災は、未曽有の被害をもたらしました。この現実を子どもの実態にあった方法で授業として見学させたいという思いをもっていた学校は少なくありません。教師に限らず地域の大人のなかにも、この現実を通して子どもたちに安全への配慮や生き方を考える体験をさせたいと思った人が数多くいたことと思います。しかし、学校には年間計画がありますので、計画を変更してまで被災地に子どもを連れていくということには相当な無理が伴います。

そのような思いを感じた森の里公民館を主体とした青健連（青少年健全育成連絡協議会）の方々は自分たちも熱い思いがあったからなのでしょうか、地域主体で被災地見学を実行したのです。事前に下見をして、宿泊先や見学先などの難題を解決した後は、参加者を募るビラつくりから配布、バス会社との調整やグループ分けなどとともに、何よりも重要な学習内容の計画等々をおこないました。学校の校外学習や修学旅行などで教師には慣れていることでも、地域の人にとっては大変なことです。それをやり切って２０１２年3月に実行に移しました。

遠くから見ているだけの見学では学びにならないということで、まだ津波の爪痕も生々しい宮城県石巻市の被災地を見学するとともに活動の場としました。子どもたちは、仮設住宅に入って高齢の方に直接話を聞いたりマッサージをしてあげたりしました。また仮設住宅の花壇にはハート形に草花を植えたりした子もいました。心に傷を負っている人への対応にはとくに心を砕いたそうですが、事前の指導が行き届いていたせいか、子どもたちは一様に、「参加してよかった」という感想を寄せていました。また見学のやり放しにならないようにということで、感想文は冊子にして参加者はもとより関係する諸団体等にも配布してまとめとしました。

この被災地見学は２０１５年まで４年間続きました。より多くの子に体験させたいということで初めての子を中心に参加させようとしましたが、「どうしてもまた行きたい」ということで、４年間に延べ１２０人ぐらいのうち30パーセントくらいは複数回の参加者だったそうです。経験していた子は、初めての子にいろいろとアドバイスをするとともに、前回との比較をしながら見学したり覚えていてくれた人との会話に話を弾ませたりしながら、復興の様子や苦労しながらも立ち上がっている人の心の強さに感動したりしていました。

学校ではできなくても、今必要なことを学校に代わって実施するという地域の活動は、「地域の子を地域で育てる」ということそのものだったと思います。この被災地見学は一定の役割を終えたと判断して4年で終了しましたが、2年を置いたあとに復活しました。最初の1年目に参加した子も、大学生になって参加しました。これだけの年月をおいて再び訪れたということで、子ども時代とは違った発見があったと思います。学校の修学旅行では卒業してから再び訪問するなどということは到底考えられないことです。学校を卒業してもコミュニティの一員としては生活しているわけですから、こうした息の長い取り組みが地域主体でおこなわれているという実践の確かさに驚嘆するばかりです。

②通学合宿では卒業生もかかわる

このごろ流行りだしていることですが、森の里地区でも森の里公民館を会場にして小学生の通学合宿が実施されています。同じ学年の子と宿泊する修学旅行でも、親元を離れての夜には泣き出す子もいる時代です。いくら家に近くて慣れている場とはいっても、異年齢の子と数日間寝泊まりするのは不安も多いことと思います。とくに初めて参加した子や低学年の子には大きな不安が伴います。

森の里地区の通学合宿は、大人は計画を立てたりケガや病気などについて注意を払ったりしますが、日常の生活にはほとんど口出ししません。それは、通学合宿を経験した中高生の先輩が寄り添っているからです。先輩もコミュニティの構成員です。中高生も大人と同じように、地域の後輩を育てるという役割をしっかり担うことが位置づいているのです。

③防災キャンプでは市役所も動かす

森の里小学校の体育館を使ってもう15年以上も続いているこども主体の「森の里地区防災キャンプ」は、青健連と共同で実施している公民館事業です。その始まりは、体育館に段ボールで家をつくってそこで避難所生活（のようなこと）を体験するというものでした。しかし、夜をともにするということで少なからず遊び心も片隅にあったのも事実のようです。その面白そうなことを知った地域の人のなかには、役員でなくても参加する人も少しずつ増えてきたようです。

しかし災害列島と言われるように大きな災害がすぐ近くでも発生して、他人事とは思えなくなってくると、遊び心よりも真剣味が増してきます。そういう真剣な体験実習の様子を知った市役所から、段ボールを素材にしている点は同じであっても、被災があった時に実際に使っているものが提供されるようになりました。中身の濃い継続的な実践が市役所をも動かしたのです。

この防災キャンプの効用は、避難経験だけにとどまりません。はじめは面白そうだからということで参加していた大人が、やがて地域のことを真剣に考えるようになり、進んで地域の役員も引き受けるようになってきたのです。とかく地域の役員というと順番であったり充て職であったりするものです。子どものことやその行事のもつ意味もよくわからないままに決められた役割だけ担うということになると、問題意識をもって取り組むというよりも例年どおりにこなすというようになり、当人にとっても負担になるだけです。地域の生活には卒業はありません。地域づくりは長く続いていくものですから、ゆるやかな参加からジワジワと広まって、やがては地域の一員としての役割を真剣に担っていく人が増えていくところは、見習うことが多いです。

④公民館の社会教育講座を学校がおこなう

学校と地域の関係が良好になってくると、普通ならば考えられないようなこともできてしまいます。森の里地区は小中学校ともにコミュニティ・スクールとして認定されています。これまではどこの地域でもそうであるように社会教育の事業は公民館を中心としておこなってきました。ところが連携が密になってくると、互いの活動内容についても意見交換が遠慮なくされるようになります。コミュニティ・スクールに認証されてからはとくに連絡が密になってきました。

そしてこれまで社会教育の講座としておこなってきた社会体育事業の「走り方教室」や「ボールの投げ方教室」を、冗談めかしていえば「学校が奪ってしまった」のです。学校としては子どもの体力不足、とくに走力と投力が落ちていることが課題に上げられていました。社会教育では専門の講師を充てて講座を設けていましたが、参加する子どもは少数でした。そこで、森の里公民館は学校の授業として実施するように組み替えたのです。授業ですから、全員がこの講座を受講できます。行政の壁が厚いと言われるなか、自分の事業を手放すことには普通ならば抵抗があるものですが、学校にとってても公民館にとってもメリットのあることが当たり前におこなわれたのです。

＊

コミュニティ・スクール事業を実施している地域から「これからは、どういう方向へ進んでいったらよいだろうか」という相談を受けることがよくあります。そういう悩みに答えられたかどうかはわかりませんが、地域で子どもを育てるとともにそれが大人の居場所や生きがいにもなっているということについて具体例をもとに紹介してきました。

私は、学校という建物のあるところでおこなうことだけがコミュニティ・スクールではないという考えをもっていますので、学校での事例以外にもさまざまな事例を紹介してきました。違和感をおもちになられた人もいらっしゃるかもしれませんが、コミュニティ・スクールの目指すところを大きな視点で考えれば、学校だけに限らずまちづくり全体の視点で考えるべきではないでしょうか。

エピローグ——「大人の学校」をつくろう

■地域を学校にひらくと7者にメリットが

自分の実践を中心にして述べてきました。そのなかから私は、コミュニティ・スクールとして認定されているか否かにかかわらず、地域の人が学校で子どもとともに活動することには、「7者にメリット」があると感じてきました。

一つは、もちろん子どもです。秋津小学校では、それまでの教師だけとの生活よりも「学校が楽しくなった」「勉強がわかるようになった」ということから、とくに不登校児童が減少したのです。秋津小学校に限らず、子どもの学校生活の充実に大きな意味を見出している学校は数多いと思います。

二つは、卒業した中高生たちです。青年期に差しかかり、大事な進路を決める時に親はその相談に応えられるようにと思ってもすべてのことに精通していることは不可能です。でも地域には、たいていその道に詳しい人がいて少しでも親代わりにもなることができます。卒業後に担任してくれた教師が転勤してしまっていても、母校にくれば地域の人にアドバイスをもらえるということは安心できるしありがたいことでしょう。

三つは、子育て中の若い親たちです。核家族化が進んで、子育ての悩みを相談する人が近くにいないという人も増えています。それが昂じて驚くような事件報道を耳にすることが少なくありません。学校で子どもと触れ合うことを通して、実は親自身も子育ての先輩からアドバイスをもらったりして安心して子育てができるという事例もあるのです。

四つは、働き盛りの仕事現役世代の人たちです。学校の授業でかかわることが時間的に難しくても、自分の時間を生み出して子どもとかかわり仕事とは違った仲間を地域につくることができます。定年になってから慌てて地域に居場所を見つけようとするのではなく、体が動くうちから地域に存在感があるようになるのです。秋津の人が、「いつ定年になっても大丈夫」と言っていた言葉には実感がこもっています。

五つは、言うまでもなく高齢者です。仕事などの関係でできた仲間ともだんだん交流が減ってきます。でも、地元で「こどものために」という共通目標で生きがいを見つけることができるのです。高齢者になったとはいえ、まだまだできることはたくさんあります。そして社会から求められているということを実感しながら年齢を重ねていけるのは、地域福祉の高齢者対策としても意義があると思います。

六つは、教員です。教師のメリットについては数多く述べてきましたので省きます。そこでこれからの教師の役割について少し述べます。教師といっても万能ではありません。教えるということのみにとらわれて自分で何でもやろうとするのではなく、むしろ地域の人をコーディネートしていくという役割を意識していくことがこれからの教師に求められるのではないかと思います。

七つは、校長を含めた教育行政です。教育多難な時代と言われ、さまざまなことが要求されています。そのための対策と称することが学校現場に下りてきて、教師に一層の多忙感が降りかかっています。そんななかで、少なくとも保護者や地域には学校応援団になっていただくというだけでも学校は安定します。そのためには、学校や行政が何もかもを抱え込んでやっきになるのではなく、むしろ学校をひらきながら「一緒につくっていきましょう」という協働の姿勢を示すことが保護者や地域の信頼を得ていくのではないかと思うのです。

■できる人が、できる時に、無理なく、楽しく

このような私の実践に対して、

「その実践を紹介してほしい」という要請が来て各地へ伺うことがありました。すると、

「宮﨑さんだからできたんだね」

「秋津は特別だよ」

ということをおっしゃる人が少なくありませんでした。それを聞くととてもがっかりしました。というのは、こうならないように「誰でもができて」「人が変わっても長続きできるようにする」という客観性を求めて実践してきたつもりだったからです。

そう考えるようになった原点は、教頭時代に味わった「秋津オペレッタ」での失敗でした。舞台発表は大きく評価されたのですが、そこへいくまでのプロセスは教訓となって私のなかに残りまし

た。概略は18ページにも書きましたが、学校が依頼されたことではありますが、ほとんど何もできないでいる学校の様子を見かねて、私生活まで犠牲にして取り組んでくださった人が地域にはたくさんいらっしゃいました。活動中も楽しそうではなく、陰ではつい不満を言う人も少なくなかったのです。その様子を間近で見てきた教頭としては、「できる人が」「できる時に」「無理をしないで」「楽しく」できるようにしなければ、単なる一過性のイベントで終わって長続きしないということを肌で実感したのでした。

また活動をともにしていきながら、方法としては大人の自由度を大切にするということも学びました。「学校のために」とか「やらされている」という気持ちで活動するのでは、不満も残って長続きできません。熱心に活動していたのに、学校との融合活動を辞めていく人の一つのパターンは、自由度の無いやらされ感にありました。自分の気持ちを隠し、無理してまで学校や周りの都合に合わせて窮屈にボランティア活動をしていることに耐えられなくなっていったようなのです。学校と地域とは長続きできる良好な関係にならないと、楽しみにしていた子どもたちに対して、「今年はやらなくなりました」という不当な決断をしなければならなくなります。これは大人のエゴであり、知恵の無い者のすることであると思ったのです。

一方、コミュニティ・スクールを推進している地域から、「行政や学校はもっとパターンを示してほしい」という声を聞くことがあります。制約が少なくあまりに自由すぎることで疲れてしまうのかもしれません。その結果、あれほど「お仕着せは困る」とか、「自分らしくやりたい」とか言ってきたはずなのに、それを自ら手放してしまうという現実もあるようなのです。気楽に自分らしくやれるということは、実は一番難しいことのようで、結局「ある程度の線を出してほしい」ということになるのかもしれません。しかし、そうなると今度は「自由がない」「学校の言いなりになりたくない」ということが再び出てくるような気がします。といって、これはバランスの問題といって片付けてしまってよいものとも思えません。というのは、「自分という人間性はどこへ行ってしまうのか」と思うからです。

■自分らしさを発揮できる場をつくる

コミュニティ・スクール事業の目的は何なのでしょう。学校で子どもも大人も楽しい時間をもてればそれだけでよいのでしょうか。私は、大人にとっても子どもにとっても、自分らしさを発揮して今を生きているという心の充実の場になっているかということが大切なのではないかと思います。自分らしく今を生きて、やっていること自体がよりよい生活の発現になっているということが大切だと思うのです。形式的に大人と子どもが同じ時間を共有しているというだけではコミュニティ・スクールの目的からは外れるような気がします。

私は、コミュニティ・スクールは住民自治のチャンスなのだと思うのです。自分たちのまちを自分たちで創るという、そのような自治のチャンスがある場がコミュニティ・スクールであり、せっかくつかんだ（与えられた）のにやりにくさだけで安易に手放してしまってよいのだろうかと思うのです。

自分の地域や地域の子どもをそして自分自身を、学校という場で自分らしさを発揮して生きているということにつながるようにすることが本来のコミュニティ・スクールの目的のように思うのです。

学校があることは、地域の大人にとっても大きな意味があるということを述べてきました。学校を核にすれば、自分らしさを発揮しながら人が人らしく生きていくことができます。大人にとっても、「私も子どもから学んだよ」と成長を自覚することができます。ここに、コミュニティ・スクールによって、まちづくりが図られていくということが言われるゆえんがあると思うのです。

では、地域づくりとかまちづくりとか言われますが、

・「地域」って何でしょうか?
・「まち」って何を指すのでしょう?
・道路ができることでしょうか? 立派な公共施設ができることでしょうか?
・私という「人間」は、まちを意味するカテゴリーに入らないのでしょうか?
・何が良くなっていくことがまちがつくられていくことなのでしょうか?

私は、人を抜きにしては、まちづくりにはならないと考えます。

では、人がどうなることが「まちがつくられている」ということなのでしょうか? 私は、

・人々が自分らしさを発揮しながら日々幸せに生きているということ。
・いくつになっても、自分がつくられて(成長して)いくことを実感できること。

ではないかと思います。それが、まちづくりにとっていちばん大事なことであり、人の幸せを抜きに

してまちづくりがおこなわれているということにはならないと思うのです。

■「大人の学校」をつくろう

今、多くの自治体で学校の統廃合が進んでいます。そのような地域では、学校があればできるであろうことができなくなっています。だから、「学校が無くなってさびしい」という声をよく聞きます。それは、単に子どもの声がしないからというだけではないのです。

一方、高齢化は急速に進んでいます。元気な大人であっても居場所がないためにひきこもりになったり、孤独死をしたりするという報道もよく聞きます。これではまちがつくられているとは言わないと思いますし、まちづくりの担い手もいなくなってしまいます。学校という建物を使っても使わなくても、子どもとかかわることで展開されるさまざまな活動を、また工夫と努力で実施できる地域が増えていくことを願わずにはいられません。

このような考えから、私は、大人が学校へ通えるようにすることを提案します。子どもとかかわるということを最初から求めるのではなく、とりあえず第一段階として大人だけでも学校に通うことで、ふれ合って、生きがいをもちながら地域づくりの一端を担っていくということです。

この「大人の学校」は、私が女川町に着任して間もない時期に津波で居場所を無くしている人を見てきたなかから構想したものです（詳細は巻末付録参照）。でも、津波の被害に遭っているかどうかに限らず、むしろ都市化の進んでいるなかで居場所を失っている高齢者が増えている多くの自治体にとっても参考になるのではないかと思って提案するものです。

かいつまんで言えば、

・「場所」は、廃校になった旧の学校でもいいですし、今、使われている学校の空いている部屋（余裕教室）でもいい。また、近くの集会所のようなところでもいい。

・「登校する日」は、1週間に1日くらいでいい。

・「学校で過ごす時間」は、4時間ぐらいでいい。でも昼食を学校でともに食べるという時間をもてるようにしたい。

・「対象者」は、義務教育を過ぎた大人ですから、通いたくない人は参加しなくてもいいというような緩やかさも必要。自治体でそういう場を用意しているということが大事。

・「運営方法」は、自治体の実態によってさまざまになりますが、私がいた海士町では、行政の担当者が出向いて、高齢者の健康診断を地域ごとに公民館などでおこなっていました。高齢者は定期的に集まるのですから、それを発展させていくことでかなりのことができると思うのです。

こうすることで、

・ひきこもりがちな高齢者の心と体の健康づくりになるでしょう。

・老老介護で疲弊する家族は、いっときのやすらぎの時間を持つことができるでしょう。

・福祉の配食サービスを受けている人も結局は、一人で食事をしています。でも学校では、誰かとおしゃべりしながら食事ができます。

・また、高齢者のひきこもりや、発見されないで孤独死するという人も減るのではないでしょうか。結果的には、全住民の健康管理や動静が把握できたり、医療費の削減にもつながったりするかもしれません。これが、「暮らしやすい町」「安心・安全な町」ということになるのではないでしょうか。

【付録】女川町住民大学（または大人の学校：仮称）実現構想

この案はまだまだ粗削りで、女川町でも採用になりませんでした。でも、人生の終盤を人間としての尊厳をもったまま楽しく人間らしく生きつくすことができるということは、まちの大切な役割の一つだろうと思います。これをたたき台として実行する自治体が出てくることを期待しています。

平成26年6月　復興庁復興支援員提言

【提案の要旨】

○目的

①住民がまちづくりの主体者として強く自覚し行動するために全住民参加のまちづくり会議を継続的に開催する。

②そのために大人になってもお互いを支え合えるコミュニティとして、生涯通い続ける学校をつくる（学校というのは、コミュニティの集まりの単位であり、学校施設そのものを指すのではない）。

※過疎地や少子高齢化の進む日本のすべてが抱える課題にも対応できると考える。

○目標

①全住民が参加（生徒）登録をする。

②行政がコミュニティ施策として管理運営の主体となる（住民に義務を課すことができるのは行政にしかできない。トップダウンの強みを生かすことができる。⇓条例化。もちろん、参加しない権利も有する）。

③行政と住民が、福祉・医療・生涯学習という側面で支援しあう協働システムをつくる。

○主要手段

①行政の意思決定をする（トップダウン）

②行政の支援体制をつくる

・学校長や教職員、行政職員に学校ごとの役割を決定する。

・個人情報保護に関する手続きをする。

③全住民に参加を促す

・周知活動

・入学（参加）通知

・猶予申請の受付

④開校までに住民主体による準備会議をする（3回程度）

・学校ごとの課題を整理してカリキュラムを設定する。

・課題の共有化をする。
・住民の支援者を育成する。
⑤学校の開校
・校長や職員（市民も含む）の決定
・それぞれの年間行事や担当者（担任）の決定
・運営の方法決定
⑥評価改善（ＰＤＣＡ）
・市民も役所も一体となって、よりよいまちづくりへ主体意識を継続的にもつ。
○期待される効果
・住民間に主体的なまちづくりへの自覚が生まれるだろう。
・ひきこもりがちな高齢者の心と体の健康づくりになるだろう。
・老老介護の減少や医療費の削減になるだろう。
・「暮らしやすい町」「安心・安全な町」「子育てにも良い町」ということになり、人口増加にもなるだろう。
・結果的には、行政の立場から見れば窓口が一本化するという強みになり、全住民の健康管理や動静が把握できるだろう。住民からみれば人とのふれ合いにもなり楽しい時間を過ごして生活しやすい町ということになる。

※今だからこそできるまちづくりへの主体的な参加体制による、住民のまちづくり参画者意識の醸成と健康管理に役立つともいえる。

※よりよいまちづくりのために参画したいという住民の意欲に対する受け皿ともなることができる。

※青壮年期の人は仕事の関係等で参加することが難しい人も当然多くいるだろう。また身体的等の事由により参加できない人もいるだろう。その場合は入学（参加）の猶予を認める。

【詳細の案】

1　名称（仮称）「女川町住民大学」または、「女川町大人の学校」

2　対象　原則として住民票登録をしている全町民

3　設立の主旨

○日本中から自治体が激減するという報道がある。過疎化が進む町や小さな自治体に不安をあおるような報道ではあるが、あながちオーバーとは言い切れないのも事実である。多くの自治体では人口流出を防ごうとするさまざまな取り組みがおこなわれている。その一つに交流人口の増加を目指す取り組みがある。しかし、そのような一時的・形式的な人口増ではなく、「住み続けたい町のナンバーワン」を目指し、暮らしやすい町だからこの町に住むという人を増やしていく施策を考えたい。

○義務教育やキャリア教育をなぜ学校は必要とするのか。健全な社会人になるためである。しかしそれは、成人になるまでの内容である。大人になってから一日一日を創造的に人間らしく生き、人として健全な高齢者になって有為な生涯を送っていくという教育を受けてきた人がいるであろうか。大人になってからは、すべての大人を対象とした意図的な教育は皆無といってよい。だからどのように後期の人生を過ごしたらよいかに戸惑っている高齢者は少なくない。

そういうことがあってはならない。町は人が生き生きと生活できる場であるべきである。町にどんな人が住むのか、町を愛し生きる力のある民主的で主体的な社会人が住むような町を目指すべきである。したがって、すべての大人が人のなかで学び合い、人間らしく生涯を送る場となれるよう、まちづくりを目標とした「大人の住民大学」を提案するものである。

○全国的な例であるが、自治会のメリットを実感することができず、また役員になりたくないというようなことや近隣とのトラブルから自治会を抜ける人もいる。災害への備えを考えればフォーマルな自治会組織は必要だが、形式的なコミュニティがあるから万全だというわけではない。裏を返せば、コミュニティに多くのことを任そうとすること自体に無理があるといえる。権利や義務に無関係の主体的組織だからである。したがって、地域コミュニティにすべてを任せるのではなく、それに代わるものがあるならば問題の多いコミュニティづくりやその後の運営にこだわることはないのではないかと考える。そこで、ここではインフォーマルな住む人同士の絆づくりを通して、安心・安全の「住みよい町づくり」につながるような施策を考えたい。

○東日本大震災の教訓から、コミュニティの重要性が問われている。「震災から学ぶ」といわれ、避難所の建設や高台移転等が実施に移されている。一方、「震災から学ぶ」もう一つの側面である「コミュニティ形成」では手を打っている自治体は少ない。文部科学省の「震災は日常をあぶり出した」の報告では、「コミュニティが日常的に機能していた地区は、避難もスムーズにおこなった上に避難所や仮設住宅内でも自治機能が発揮されて人のふれ合いがあった」とある。

仮設住宅では隣人とうまくいかずにひきこもる人が出ている。また「災害復興住宅」の入居が始まったが、「せっかく入ったのに隣人は知らない人ばかりで、まだほとんど口もきいていない」という人や、入居できずに仮設に残された人のなかには、「仲良くなった人がいなくなりさびしい」という孤立感を抱いている人もいる。行政によって自治機能が促進されるような対策は打たれているが、行政が必要とするコミュニティ機能と日常的なかかわりを必要とするコミュニティ機能とは温度差が大きいと言わざるを得ない。この日常的に機能するコミュニティ対策は、被災地であるかないかにかかわらずどの自治体でも早急に対策を打つべき課題であると考える。

4　提言の背景となった社会的な課題

(1) 高齢化社会

○どの自治体でも相当の予算を使った行政施策でさまざまな高齢者対策が計画的・組織的におこなわれている。超高齢化社会は当分の間続くと考えられるだけに自治体出費は相当なものであろう。しかし、このような施策は一見すると手厚くおこなわれているように思えるが、見方を変えると一部の高齢者にだけである。高齢者のなかには、義務的なことを除いてコミュニティ施策的なことでは参加さえしない人も少なくない。またそういう人こそ問題なのである。社会と孤立し、人知れず命が絶たれて時間が経ってから発見される（いわゆる孤独死）という事例がいっそう増えることが想定される。このような介護や支援を必要とされる少し手前の人が見過ごされていることは多い。いまや自らの意思だけで生きられる社会ではなくなっている。人がこのようにさびしい終末を迎えなければならないということは社会の責任である。コミュニティの責任だけに負わせることはできない。こういう人も、人の輪のなかで日々を過ごしていけば生きがいを見出してもらえたり変化に気づいたりする事例も増えるだろう。それには、人とかかわる場に参加しやすい体制をつくることが大事である。自治体を挙げて取り組むべきである。大人による住民大学構想は、一人の住民も欠けることなく参加できる。

○認知症が進み、徘徊などによる消息不明者が激増している。高齢者介護施設のテレビ中継で、「麻雀なら頭を使うから」と取り入れている施設が進んだ事例として紹介された。そのなかで「以前の施設では紙風船をつくってついて遊んだりしていたが、ばかばかしくってやっていられなかったよ」と言っていた男性入居者の言葉が紹介された。このように知的創造の時間を求めている高齢者は少なくない。しかし頭を使うからといって、麻雀はその時の楽しみで時間を過ごしているだけである。本音はクリエィティブに社会について語りたい、提案したいという知的意欲のある高齢者も少なくない。高齢者は、経験を発現したがっている。このまま経験を使うことなく生涯を閉じることに諦めてはいるが不満をもっている。したがってそういう場を設定することは、ゲーム以上に必要なことである。

○自治体は単発的・意図的なことも含めて次のようなことをおこなっている。しかし施設面や人的面で相当な負担になっている。また参加者が必ずしも多くないものがあり費用対効果から疑問なものもある。顕著な具体例を挙げると、

①配食サービス：食事を何度か配達してもらえるが、食べる時は一人（孤食）である。

②訪問指導：健康面の配慮や見守りで福祉関係職員等がおこなっているが、人の輪のなかで気遣いあうのではない。また、訪問時以外は孤独な時間を過ごすことに変わりはない。

③緊急通報システム：いざという時のために多額の予算をかけシステムを用意しているが、使い方の徹底や監視体制等でまだまだ完璧とは言えない。

④健康相談会や飲酒に対する指導：独居のさびしさを紛らすためかアルコール依存者が増えている。その結果糖尿病等の併発もある。健康相談会での指導や対応をしているが、一人で生活している人に自分から改善しようとする意志を強くもつようにするのは困難なことが多い。アルコールに頼らなくても済むような人の輪のなかでの生活こそ必要である。

⑤ラジオ体操などの体を動かす活動：上記の健康相談会と類似している面がある。

⑥「お茶っこサロン」や「ちょい飲み会」：同じような境遇の人たちとの自由な語らいの場はス

トレス発散等でも意義がある。

しかし、いずれにしろ上記の④⑤⑥は、自らの意思で参加しなければ意味がない。効果を云々する以前の問題がクリアできないことが多い。

そのほかにも、「経済的貧困者に対するケア」「働きがい・生きがいづくり」また「障がいが現れる頻度が高い」等々課題は多い。

(2) 結婚しない若者（独居老人予備軍）の急増

今後ますます高齢者は増えてくる。生き方は、その人の自由意志であるが、結婚をしないまま高齢になる身寄りのない高齢者の急増が予想される。婚活による結婚推奨などがおこなわれているが、社会風潮もあってかそれだけでは解決する状況ではない。結婚は自由意志であるが高齢になったときを考えると元気なうちから対策を講じ、社会の一員として存在できるようにする意図的な対策を講じるべきである。

人口減少や少子高齢化、および転出による集落の崩壊等、多くの自治体の課題である。町をつくるために将来を担っていく子どもの教育に力を注ぐことが大事であることは言うまでもないが、住民の多くを占め今後も増加が想定される高齢者にも、意図的・計画的・組織的な教育的活動をおこなうということに、もっと目を向ける時代がきていると考えるべきではないだろうか。ここは「人の力」でまちをつくる時代が到来しつつあると考えてその方向に大きくシフトするべきではないだろうか。

※「大人の学校」とするメリットは、
・高齢者は頑固な人が多い。地縁・血縁であれば仲が良いだろうというのは幻想でしかない。濃すぎる関係を嫌う傾向もあり必ずしも絶対な方法とは言い切れない。ほどほどの距離感のある関係でつながるコミュニティならば深入りしない軽やかさがあって有効であると考える。
・大人として「学校に通う」という表現に対する壁をどう取り除くかという問題もあるが、知的な創造は人間性の根幹である。それは何歳になっても同じである。地域社会の創造に加わっているという日常が大事である。そのために、「まちをよくするための提案会議の場である」という位置づけは、経験知を生かせるので最適である。

5 「大人の学校（住民大学）」によって期待されること（成果）

詳細は、6「具体的な方策」の項で方策との関連で述べるが、大人に一種の「義務を課した」ともいえる場をもつことは以下の成果が期待できる。

(1) 行政にとって

①人命の管理ができる。すべての町民が大人の学校（住民大学）の小グループに所属するので、所在や現状を管理できる。
②健康が増進し医療費が削減できる。
③行政の意思を徹底させることができる。
④社会性の増進により、町民の「民度」が高い自治体となることができる。

(2) 参加する町民にとって

①連続する大学の場で知り合った仲間集団との日常で、より長く生きがいをもって心身ともに健全な大人として生涯を送ることができる。

②家庭で介護をすることが要請されている高齢者にとっては（いわゆる老老介護）、学校で仲間との時間を過ごすことによって介護する側もされる側も一時的に解放されることになる。

③そこで知り合った級友により見守り活動が日常的になり安心した日々を送ることができる。

6 具体的方策

(1) 基本構想

①全町民を小グループに分けて名簿管理をする。週に1日の参加とする。終了はない。参加できなくなるまで生涯続く。

※私は地域で退職後の大人（とくに男性）の居場所づくりにかかわった。そこでの経験は、いかに男の高齢者が社会参加できないかということである。どの人も職場では一応の地位や役割を演じ日本の成長を担ってきた人ばかりであるにもかかわらず、そして今はその必要があるにもかかわらず社会参加が少ない。理由はいろいろあるだろうが、彼らには行政にしかできないある種の強制力が必要ではないだろうか。

②自治体職員の補充や予算化はほとんど不要。従来の行政システムを一体化・構造化することでかなりのものは可能になるはずである。医療の世界では既にこれに近い人的管理が始まろ

うとしている。プライバシー保護の壁についても医療を柱にすれば、かなりの面まで人的管理が可能である。

③たとえば1グループが40人とする。その3分の1が参加できない（参加猶予）と仮定すると25人くらいになる。一つの曜日で5グループ開催すれば、40人×5グループ×5曜日＝1000人の在籍が毎年見込まれる。（猶予者がいるので出席はもっと少なくなる）。受け入れの場（グループ）を増やせばさらに多くの町民は在籍することができる。

④毎年進級制度を取り入れる。終了はない。2年目になって欠ける人が出ることが予想される。するとグループを編成し直して「40人×4グループ×5曜日＝800人」。プラス新規1グループで計5グループとすることができる。しかし、高齢化が進むと毎年の増加が予想されるが「参加猶予」の人を含めて在籍だけの人も可とするので、町民の動静が一元化できるという利点がある。

(2) 入級までの流れ

①行政の役割

・入級通知書の発行
・入級者の受付
・入級者のグループ編成
・担当者の決定

・受け入れ態勢の整備
・入級式の開催
・出席簿の作成
・その他、必要なことは義務教育学校のノウハウを参考にする。

②町民の義務

・参加可能な曜日を記載して入級承諾書を提出。
・または入級猶予の申請者には具体的な理由を求める。仕事の関係や入院中等で「在籍はするが今は猶予」という人も認める。在籍をしているので動静は把握できる。仕事先や入院先へ家庭訪問や電話連絡を取り動静を把握することができる。

(3) 一日の生活

・登校は徒歩かスクールバスを運行。自家用車での参加者のための駐車場の設置。
・出席の管理：欠席者は、必ず連絡を取り状況を把握する。
・内容：別記「カリキュラム」にのっとって実施。
・給食の実施：これによって、週1回は孤食がなくなる。
・掃除の時間
・その他、「名札をつける」や「席替え」「参加証明（修了証）の発行」「軽スポーツの運動会」「参観日」等、義務教育学校のノウハウを取り入れる。

※ここで学んだことや既存の技術を生かして「就職（ボランティア活動）」を積極的に進める

(4) 担当者の職務

①担当者は、福祉課職員＋教育委員会関係職員の２人制～３人制（担任＋副担任２）。教員経験者や福祉経験者にも呼びかける。教員免許などは必要ない。多くの自治体職員が、週に１日は担任業務にあたることでコストダウンになる上に他職種への理解にもなる。自分自身もやがて入級者になるのだから大切な業務となる。

②自治体職員は、現在の職務を一括しておこなう。（例）健康保健課等の人は住民の血圧測定や健康診断はこの場でおこなえる。

(5) カリキュラム

①「女川町のこれからをどう考えるか」を必ず加えるとよい。これによって、まちづくりに向けて主体的に参画しているという知的喜びが生まれる。

②親睦を深め互いに知り合うことはまちづくりの基本である。したがって、ゲームを取り入れたり、給食をともにしたり、スポーツ（身体活動）や清掃活動をしたりすることは毎回必ず入れる。

さらに、「昔を語る」「昔の歌を歌う」「昔から学ぶ」「健康維持について」「私の自慢・私の失敗」「今の日本に物申す」「クラブ活動は自由クラブ（総合型）の実施」「子どもとのかかわりの場を設定し、学童保育や学校のクラブ活動での指導」、その他、必要なことは義務教育学校からの内容を参考にしたり、随時検討して加えたりする。

7　実行に向けての検討課題

まだまだ荒削りであり詳細が検討しきれていない。したがって解決すべき課題は多くあると思う。しかし、それは知恵を出し合い個々に検討していくことで解決可能なことばかりであると楽観視している。

ちなみに、

○学校にする施設は、現状の施設が望ましいが、たとえばトイレや階段等を整備する必要がある。

○スクールバスを運行することで通学の便を図る必要がある。学校の子どもたちと時間をずらして通行すれば経費も少なくて済むと思うがいかがだろうか。

○特別支援学級の設置。

○週に1日を基本とするが、週2日コースや毎日コースが将来的には可能か？

あとがき

「宮崎さんは、本を出版しなければだめだよ」とか、「あなたのやってきたことは、出版する責任があるよ」などと言われながら、20年以上が経ちました。筆不精というだけでは済まされないことだと思っていただけに、ここに出版ができたことにホッとしています。

教育は実態に応じておこなうものです。したがって、ただ単に事例を並べるだけではなく、「その地で」「そのことを」何故おこなったのかという背景（実態）を述べることにこだわりました。そのために、私の実践が生まれるまでのプロセスにも自己紹介という形で多くのスペースを割きました。また、最初に走り出した者として、きれいごとだけではなく失敗事例も隠さずに述べました。学校と地域が一緒になって活動することが、そんなにうまくいくはずがないということは多くの人にわかることでしょう。私はしつこいのでしょうか、失敗をそのままにしなかったことが実践の継続につながったのではないかと思っています。

従来社会教育には、意思のある人が参加すればいいという風潮がありましたが、子どもがからむとそうはいきません。大人の意思が優先されると、学級が違ったり年度が違ったりして実施されないことが起こり、不幸になる子が出てきます。そのため私は、「続けられるようなシステム」の構築に力を注ぎました。それが行きついた先は、「できるときに」「無理なく」「たのしく」でした。

コミュニティ・スクール事業では、マイスターと呼ばれる人が文部科学省から委嘱を受けて各地に出向いて広めてくださっています。でも私は、マイスターではありません。だから、文部科学省の考えを広めることにとらわれず、コミュニティと学校との関係づくりの意味について自由に述べることができます。それが、今後の進むべき道を提言するという意味で、本書の後半を構成しています。

振り返ると、大きな節目は私が教頭の時にあったと思っています。秋津小学校と地域が好ましくない関係になり、教職員も地域の役員の人も、「もう学校と地域が一緒に活動することはやめよう」という流れになりました。その時に、当時地域で重責を担っていらした故山田尊さんが、「地域と学校は良い関係にならなければいけないよ」と間に入ってとりなしてくださったのです。あれがなければ今日の学校と地域の協働による教育は、もっと遅れたのではないかとさえ思っています。

その山田さんが、「あなたはたいへんな人と結婚しちゃったねえ」と笑い交じりにパートナーの雅子さんに話していたことがあります。青年教師時代、先輩から「宮﨑は愚直だから心配だ。でも賢曲じゃないからいい。このままがんばれ」と言われたことがありましたが、手を抜かず、良いと思ったことを真っ直ぐに追求するのは、教頭や校長になっても変わらなかったようです。こうと思ったら前後の見境もなく突き進んでしまう私を支えてくれた宮﨑雅子さんには、どれだけお礼を言っても足りないくらいです。また、普通と違う突拍子もない校長を支えてともに実践した教職員の仲間や、陰になり日向になって一緒に活動し、支えてくださったそれぞれの地域のみなさまに深謝いたします。

２０２０年７月

宮﨑　稔

著 者 略 歴

宮﨑　稔（みやざき・みのる）

1946年埼玉県生まれ。埼玉大学教育学部卒業。
千葉県教員として38年勤務。習志野市立秋津小学校、同大久保東小学校、同鷺沼小学校の各校長、習志野市教育センター所長などを務める。千葉県教員退職後、2008年に島根県海士町に招かれ学校支援地域本部長、東日本大震災後の2014年からは宮城県女川町の復興支援職員として活動した。
1997年、秋津小学校での実践をまとめた論文「学校と地域のかろやかな連携」で読売教育賞「地域社会教育活動部門」最優秀賞を受賞。同年8月「学校と地域の融合教育研究会」（略称：融合研）を設立、会長（現在まで）。

学校も地域もひらく
コミュニティ・スクール
無理せず、楽しく、かろやかに

2020年9月20日　第1刷発行
2021年2月5日　第2刷発行

著　者　宮﨑　稔

発行所　一般社団法人　農山漁村文化協会
〒107-8668　東京都港区赤坂7－6－1
電話　03(3585)1142(営業)　03(3585)1145(編集)
FAX　03(3585)3668　　振替　00120-3-144478
URL　http://www.ruralnet.or.jp/

ISBN 978-4-540-20138-7
〈検印廃止〉

DTP制作／㈱農文協プロダクション
印刷／㈱新協
製本／根本製本㈱

定価はカバーに表示
乱丁・落丁本はお取り替えいたします。